10歲前的“引導式”說話練習

林英珠◎著　陳靖婷◎譯

前言

十歲前學好說話，讓孩子無所畏懼

身為家長都希望我們家孩子，不論到哪都能適應。希望他到幼稚園、學校，能受同學、老師、大人們歡迎與喜愛。孩子日後要面對無數的人，遇到委屈、不開心的狀況時，希望他不會默默承受，而是懂得保護自己，說該說的話。希望他懂禮貌，能承認錯誤，也能有智慧地說明：「我明白，不過……」。

如果孩子被霸凌、如果孩子的朋友忽視他、如果孩子被朋友欺負卻悶不吭聲、如果孩子的朋友行為不端正、如果老師沒有好好照顧我們家孩子……。

即使不幸發生上述狀況，父母也沒辦法一一見孩子的朋友，要他們好好相處、不要欺負自己家的孩子，也無法主張自己孩子敏感、容易受傷，就要求班導師特別關照。

孩子在外難免遇到被拒絕、尷尬到無地自容的時候，但父母總無法一一出面解決。孩子必須面對自己的人生，孩子面對的世界、孩子面對的人、孩子的感受，都必須要自己解決才行。

為什麼孩子要訓練表達力？

現在開始，父母必須擔任十分重要的角色。父母要明確教導孩子說話與態度。當孩子能夠獨自處理情緒、處理突發狀況、回應對方的話時，人生將會更有彈性、更幸福。

「為什麼這麼對我？」

「為什麼無視我？」

「老師都只罵我。」

「朋友們不喜歡我。」

「好冤枉，又不是只有我那樣……。」

冤枉、丟臉、慌張、覺得受傷的當下，孩子的自信和自尊會蕩然無存。當孩子好不容易鼓起勇氣對父母說明，但比孩子還要更冤枉、更覺得丟臉、更慌張、更生氣的父母，卻反過頭來向孩子發火。

「你在那樣的情況下，為什麼說不出口？」
「你沒有嘴巴嗎？為什麼默默承受？你是笨蛋嗎？」
「你該說的要說啊！這樣很讓人擔心！」
「你為什麼都不說？」
「在外面被欺負，只會回來跟媽媽說？唉！」
「朋友那樣，你都沒有回應？」
「老師只罵你一個？」

父母總是先不明就理，無止盡地責罵與逼迫孩子，因此對父母來說，和孩子一起學習說話，絕對有其必要。面對相似的狀況，根據孩子的處理表達方式不同，可能轉禍為福，卻也可能雪上加霜。因此，父母必須完全了解狀況，並給予適當的回應，對孩子最好。

在這本書中，將會介紹幫助孩子保護自我、以智慧面對世界、度過幸福人生的方法。儘管這個世界透過言語傷人與被傷害的狀況很多，但孩子仍必須擁有不誤會他人言論的能力及表達力。如果希望孩子受到同齡朋友、老師、大人們的喜愛，就必須培養孩子聆聽的態度，且和孩子對話的方式也必須正向。書寫這本書的同時，我總在思考，要是我們家孩子還小的時候就有這樣的書，那該有多好。

希望我們家孩子能夠不誤解這個世界與世人、不讓自己受委屈，以正向的態度面對他人與世界，並且明白這個世界和自己站在同一陣線。但願他將怨懟與受傷所耗費的能量，轉換為喜樂與幸福，而這也是這本書的目標。

學會表達力讓人有好感

寫書的當下，我想起了這句話——我的可愛我明白。能夠自賞、自我保護、懂得做人處事的孩子，必然受人喜愛。犯錯會立刻承認、道歉的孩子，抑或受到委屈或覺得丟臉時，會先了解狀況並做適當應對，而非辯解與抱怨的孩子，在眾多學生中，會令老師留下特別印象。

即便老師公平對待每個同學，必然還是會對幾位孩子特別有好感。你知道老師如何看待自己家的孩子嗎？孩子們對眼神和動作十分敏感，被溫柔眼神、溫柔動作對待的孩子，他們的自信和自尊也別有不同。除此之外，孩子的自我價值感、能力感也會提升，幫助孩子更能感受幸福。當孩子被同齡朋友及周遭的人認同、喜愛時，孩子會更深刻感受自我。

孩子應該怎麼表達？

孩子用什麼態度說話？

孩子常說正面的話嗎？
孩子都說負面的話嗎？
孩子會先看朋友的優點嗎？
孩子只說朋友的缺點嗎？
孩子會說別人的好話嗎？
孩子犯錯時會先辯解嗎？
孩子會先認同再慢慢說明嗎？

請教導孩子如何認同與應對。父母若希望孩子有自信，請多和孩子說能幫助孩子提升自信的話。父母必須教導孩子，有事情和老師說明時，該如何開口；朋友間有誤會時，該如何開口；提問時該用什麼態度，以及說話的表情、態度、語氣、用字、講話速度等，都應該和孩子說明。

說話方法極為重要，且蘊含許多細節，最能好好教導孩子的，無非就是父母。孩子不知道如何表達而慌張時、覺得冤枉時、覺得抱歉而不敢面對朋友時，能傾聽孩子、認同孩子、和孩子談心的，除了父母以外，還有其他人嗎？

據說人只要有一個靈魂伴侶，就不至於潰敗倒下。父母就是孩子的最佳靈魂伴侶，如果父母能傳授孩子一輩子受用的說話方式，將會是孩子最大的幸運。

孩子學習表達的年紀大約只到十歲而已，請在孩子十歲前儘量教導他們。教導說話的第一步是聆聽，會聆聽的父母就有教導的資格。即便只聆聽，不做任何事，孩子都會自我改變。

這本書專為父母而寫，將會是各位教導孩子表達力的最具體指南。書中會教導父母聆聽孩子說話的方法、幫助孩子說出符合狀況的應對。父母和孩子一起練習說話的同時，也會培養類似的說話習慣。最重要的是，希望各位和我一樣有以下的信念。

「如果我們家孩子能養成這樣的說話習慣，日後將無畏無懼。無論他到哪裡，都能良好適應，無所擔憂。」

父母教育專家　林英珠

目錄

第二章 讓孩子在朋友間受歡迎的表達術

第三章 備受老師和大人喜愛的表達技巧 125

第四章 讓孩子有自尊、有自信的表達力

第五章 幫助孩子說話有條理的技巧

【第一章】

透過說話改變孩子的未來

01／很會說話的孩子一定有會傾聽的媽媽

美珍的表達能力很好，很會說話，也很能寫作。有一天，她到朋友惠娜家玩。

「你好，我是惠娜的朋友美珍。」

「媽媽，她就是我常提到的美珍！」

美珍和惠娜媽媽打過招呼後，開始參觀惠娜的房間，兩個人玩得不亦樂乎。就在此時，她們想起了在學校發生的趣事。

「哈哈哈！真好笑。」

「對啊！老師一定也很慌張！我要告訴媽媽。」

原來是有位同學在上課時間不僅打瞌睡還大聲說夢話，搞得全班哄堂大笑。她們笑著笑著，惠娜突然想要告訴媽媽，就跑到了廚房。

「媽媽！你知道今天學校發生了什麼事情嗎？」

「媽媽當然不知道呀！」

「金志興上課的時候大聲說夢話呢～哈哈哈！」

「嗯。」

「媽媽，老師也嚇了一大跳，真得很好笑。媽媽，我有說過金志興是誰嗎？金志興一直都很搞笑，而且很無厘頭～」

「媽媽知道了，別說有的沒有的了，去和美珍玩吧。」

「媽媽怎麼這樣，我還沒說完呢！」

「你說志興同學說夢話，媽媽都有聽到。」

「嘖！真討厭。」

「你那壞嘴巴，要是朋友聽到，人家會覺得媽媽沒教好。」

媽媽的反應讓惠娜覺得很受傷，她回到房間用力關上房門，心裡還是覺得很生氣。

「我媽一直都那樣！不論我說什麼她都沒興趣，總是隨便聽聽敷衍我。和媽媽說話有夠無聊！」

「惠娜，別這樣，我們來看看影片吧？對了，下周是恩善的生日，妳有想要買什麼禮物給她嗎？」

美珍轉移話題，轉換了惠娜的心情，度過愉快的時間。回到家裡後，經過這件事，美珍覺得對媽媽滿懷感謝。

「媽媽，謝謝妳總是認真聽我說話。」

「嗯？我的女兒怎麼了？媽媽聽了好感動，想要流眼淚了。」

「我今天去惠娜家玩，惠娜跟她媽媽說學校裡發生的有趣事情。不過惠娜媽媽可能在做菜，沒有聽惠娜說完，結果惠娜很生氣，用力甩了門。她說她媽媽從來不肯好好聽她說話，不管和媽媽說什麼都很無聊。

這樣說起來，媽媽一直都很認真聽我說話，也從來不會敷衍我或轉移話題。放學回家後跟媽媽說一整天發生的事，是我最喜歡的事情。我回到家裡都會很想和媽媽分享，如果媽媽像惠娜媽媽一樣不聽我說，我一定會很傷心。」

「這樣啊，惠娜媽媽今天可能剛好在忙家事。媽媽很好奇妳每天發生了什麼事、妳在想什麼，還有妳的心情。媽媽沒有一一問，妳就先和我分享，媽媽覺得很感謝妳，聽了也覺得很有趣。我們家美珍真的很會說話，總是把事情說得很好玩，能聽美珍說話，真是一種幸福。謝謝妳感謝媽媽，媽媽也覺得很謝謝妳。對了，妳說今天有趣的事情是什麼？」

「啊！就是呀～」

美珍把今天學校發生的趣事和媽媽分享。美珍在家裡是不折不扣的「愛講話」孩子，她總是跟在媽媽旁邊，和媽媽分享各種事情。美珍的身旁，有一位總是張耳傾聽的媽媽。多虧有認真傾聽孩子說話的媽媽，讓美珍的表達能力得以快速成長。

“父母可以這樣做”

喜歡說話的媽媽，能培養孩子的表達能力和社交能力。雖然大家都明白和孩子對話有助於孩子發展，但並非每個父母都樂於和孩子對話。有的孩子會想發問，有的孩子會不時回嘴，如果媽媽並非天生善於聊天，可能因此感到疲憊。尤其對一些職場媽媽來說，和孩子聊天就彷彿回家加班。

最好的狀況，是孩子和媽媽都樂於分享，既能培養孩子的表達能力，也能從中觀察孩子的反應，提升親子的親密感。不過，若媽媽不善於說話，與其勉強和孩子聊天，不如仔細聆聽孩子說話，並給予適當的回應。對孩子來說，這樣的媽媽更加溫柔。即使你不是愛聊天的媽媽，也不必擔心。

如果你將和孩子聊天視為工作，僅只是進行無心的「假聊」，希望你別再這麼做。日後請拿出你的真心，和孩子對視，認真聆聽孩子說話，即便只是附和孩子的話也無妨。只要你願意這麼做，孩子的說話能力和表達能力都會有所成長。

「有這種事呀？」
「應該很難過吧。」
「你一定很開心吧？」
「事情還順利嗎？」
「喔喔，原來如此。」

媽媽的回應，只要讓孩子明白「媽媽在聽你說話」，就十分足夠了。回應的時候，說話的態度非常重要，如果眼睛不正視孩子，或是用敷衍的方式回應，並不會有太大的效果。請正視孩子，並且給予溫暖回應，抑或從孩子的話中，找出簡短的單字附和。這樣的對話方式能為孩子帶來的幫助，絕對超乎父母的想像。

如果父母正在處理急事，手邊有事情正在忙，也請張開耳朵聆聽孩子說話，並且偶爾正視孩子。這麼做能夠讓孩子明白，即使媽媽在忙，也會認真對待自己。

妨礙孩子學習表達的負面話語

「別說有的沒的。」

「我知道，你好好坐著。」

「你怎麼這麼多話？」

「你這麼愛講話，會被老師罵！」

「媽媽很累！安靜點！」

「沒看到媽媽在忙嗎？等一下再說！」

培養孩子表達能力的正面話語

「你說得真有趣。」

「來聊聊今天有什麼事好嗎？」

「今天也玩得很開心呀？」

「原來如此，你應該很難過。」

「謝謝妳告訴媽媽心裡話。」

02／教孩子成為表達高手的「對話回應」技巧

孩子在幼兒時期和小學時期時，會以自我為中心，且理解他人的能力相對不足，要成為聽話高手並不容易，但若父母以身教示範，並多給予關注，孩子就有機會辦到。當孩子擁有聆聽的能力，自然會成為讓人有好感、想要親近的朋友。

媽媽：你會比較想和怎樣的人說話呢？

孩子：好好聽我說話的人。

媽媽：什麼情況會讓你感受到對方有在聽呢？

孩子：像媽媽一樣聽我說話，並回應我。

媽媽：沒錯，對真正的說話高手來說，聽比說還更重要。大家都想和那樣的人說話。

如何教孩子成為對話高手呢？

1 示意朋友

向朋友主動開啟話題，當朋友開始對話時，表現出「我準備要聽了」的專注態度。

2 對朋友專注

聆聽對方說話時，不能望向其他地方或眼神飄移，必須專注注視對方的眼睛。

3 點頭或以眼神示意

對方說話時，以點頭表示了解，幫助營造更輕鬆說話的氛圍。聆聽時，請以適當的反應或語助詞給予對方回應。

4 提問

聆聽對方說話時，把有疑問的地方記下來，稍後可以提問：「這個地方我有問題……」。透過這個方式，能讓彼此的對話更生動。

5 對話收尾

「和你聊天真棒！」

有不少孩子會插話，或是不聽對方說，只想說自己的事情。因此願意聆聽朋友說話，且會做出適當反應的孩子，其實不如想像中多。這些孩子之所以如此，源自於在幼稚園和學校沒有實際教學。課堂上所教的傾聽、感同身受、回應，不過是空泛的主張。

請教導孩子針對別人說話時要做回應的技巧，讓孩子明白如何回應、如何同意對方與附和。孩子愈具體了解，愈能締結成功的人際關係，孩子的前途將更光明、更幸福。

“父母可以這樣做”

對話時要做出適當的反應與同意，其實並不簡單，必須明確告知孩子回應的時機和具體的內容。不懂聽話的孩子、沒有反應的孩子、反應遲鈍或文不對題的孩子，都是在迴避對話。一起來看看以下案例，了解做出適當反應有多困難。

某天有位孩子在幼稚園門口哭泣，他穿著鞋子坐著哭，某個小朋友的媽媽看到了，安慰著說：「不想和媽媽分開，很難過呀？」

「我不是難過，只是流眼淚！」結果那位孩子這麼說。

他好不容易平靜下來，結果陌生的阿姨問他是不是在難過，讓他覺得很丟臉。事實上，我們常用的感同身受語言「～呀」的說法偶爾會有爭議。在這個案例中，感同身受的先決條件是認定「哭泣等於難過」。即便是大人，要完全理解對方，也不是件容易之事。

孩子理解對方語言的能力較低，表達能力也尚未成熟，難免產生誤會。如果孩子能夠如實表達自己的想法、好好聆聽對方說話並做適當回應，朋友自然會感受到「跟你說話真好」，父母也就不必擔心孩子的人際關係。不論是誰，都會真心喜愛聊得來的朋友。

有的人很善於回應對方，他們會積極回話，例如：「哇！真的假的？喔！真是太棒了！」，說得津津樂道。這樣的朋友和似聽非聽、不做反應的朋友，若要兩者擇一，大家都會毫無懸念選擇前者。

另一方面，若表現出過度回應，反而會讓人懷疑真實性。在對話中做回應的方式很多，可以安靜認真聆聽，也能點頭回應，或是以感同身受的語言安慰對方。

你的孩子在對話時，會怎麼做回應呢？父母要針對孩子的話做適當回應，其實並不容易。儘管明白傾聽、感同身受的重要性，但因為沒有實際學習過，所以許多人還是以慣性回應。父母從孩子小時候開始，就要教導孩子回應的方法，比說還要重要的說話練習，就是「回應」。

個性外向的人在聽別人說話時，大多會積極回應。如果孩子內向，較不擅於表達想法，請多花心力在「回應的說話練習」，幫助孩子成為備受歡迎與受人愛戴的朋友。

除此之外，也請教導孩子區分能插話與不能插話的狀況，以及如何避免過度反應。孩子愈早學習，愈能養成良好的對話習慣。

成功的父母會告訴孩子：「朋友說話的時候要好好聽」。說話練習的第一步，並非教導孩子如何說好話，而是要孩子「懂得聆聽」。

Column

與孩子的表達力練習

1. 對話回應・核心回饋

❶ 請和孩子討論符合狀況的回應

請設定一個狀況，或試著和孩子對話。舉例來說，若孩子跟朋友說：「我昨天收到生日禮物了，就是〇〇呀，你知道嗎？那個超貴的！」一起來看看可能的回應。

大人：「如果對方回覆：『哇，又要炫耀？』，覺得如何呢？」

小孩：「朋友可能覺得忌妒。」

小孩：「收到禮物的朋友可能心情不好。」

大人：「如果對方回覆：『哦，你收到〇〇禮物？』」

小孩：「朋友心情好，可能會繼續聊。」

大人：「你想要炫耀的時候，朋友如何回應比較好？」

小孩：「我開心朋友也開心，因為是朋友，所以會懂我。」

❷ 請舉例說明，該如何正確回應

「你要針對對方所說的話或所做的行為，做出差不多的回應。如果朋友說：『真的很棒』，你要一起拍手，並說：『好棒』。」

「如果對方說：『剛剛被老師罵，心情很不好。雖然我也有不對的地方，但我還是很難過。』你可以從對方的話中，找出對方想訴說的關鍵字，給予對方回應，例如：『是啊，一定會很難過。』」

2. 加入驚嘆語

表現出有好好聽對方說話，讓對方想繼續說。

朋友：打開禮物後，哇！超出我的期待！

孩子：哦，是喔？是什麼呢？

使用驚嘆語回應時，回話的長度不會比對方長，重要的是表現出「驚訝與期待接下來的故事」。

3. 對話收尾

請告知孩子為對話做一個好收尾十分重要。當孩子開始嘗試收尾或讓對方收尾，就要找出讓自己和對方都舒服的收尾。

「今天聽你的故事，讓我心情很好。」

「跟你聊天真棒。」

能夠表達自己和朋友的對話有多珍貴且愉快的孩子，未來在交友關係、社會生活方面，絕不會讓人擔憂。

03／不能讓強勢、說話大聲的人贏的原因

很多綜藝節目或娛樂新聞會以「直話直說」、「素顏無濾鏡」、「絕對衝擊」、「驚悚對談」、「強勢的姊姊」等作為標題。電視上敢說敢言的藝人，會被評為「直率」，廣受大眾喜愛。每當電視節目播出後，都會引起不少話題，在小學生間同樣如此。

「〇〇好直率！大家都說她是強勢小姊姊。」

「但她好像很隨心所欲，說想說的話？」

「那就是直率呀！」

「那樣的直率，可能會傷害到別人吧！即使想要給點忠告，也會擔心是否被攻擊，而不敢多說什麼。」

「那就是強勢、有魄力呀！」

「如果自顧自說話、不考慮對方，就只有自己爽快，聽的人也許很不舒服。」

所謂的「強勢」是代表什麼意思

小學生流行的「強勢小姊姊」究竟是什麼？強勢代表什麼？孩子所想的魄力又為何？總是讓父母覺得十分困惑。現代社會似乎賦予「強勢」正面的意義，甚至要忍受、顧慮對方想法的人「誠實一點面對」，又或者對他們說：「何必拐彎抹角？」。

假若孩子接收如此錯誤的想法，不覺得很危險嗎？孩子可能會不假思索地將自己的想法完全如實說出。不顧慮對方、自顧自地說淪為「直率」，而「強勢」也演變為優點。

「不用管別人，你想說什麼就說。」

這樣的想法，毫無惻隱之心，甚至可能為了防備而攻擊對方。萬一父母這麼教導孩子，這個社會將會陷入危險，因為孩子會不經思考說話，而且會傾向強勢說話。

如果這個世界因為言語而遍體鱗傷、大家不再彼此信任，誰來擔負起這個責任？每個家長都應該教育孩子，為什麼不能讓「強勢」、「說話叫囂的人」勝利。

當我們的孩子還小，尚在原始說話、原始行為的階段，應該教導孩子如何說好話，以及正向回應對方的話。如果因為出於擔心自己家的孩子被欺負，而教孩子「想說就說」，往後孩子們將因此度過辛苦的人生。

“父母可以這樣做”

字典中的「直率」解釋為：「不虛偽、不造作」。「說話直率」並非我們所想的「有話直說」，也不是「滔滔不絕」的意思。有些人分不清楚「老實說」和「隨性說」。若大人教導孩子扭曲的觀念，孩子長大後將很難改正。假若大家都不經大腦思考、不顧慮對方地恣意說話，反觀那些思慮周延、會替對方著想的孩子，反而會受人所欺。如果孩子太過於直率，不可以教導孩子大聲說話的人就會贏。

當孩子太過於直率時，要先引導思考表達

「想想看，你和朋友聊天的時候，要怎麼讓對方接受你的想法呢？」

「你和對方的意見不一樣的時候，為什麼不要靠說話大聲來贏呢？」

現代家庭一般都只有一兩個孩子，每個孩子都被父母捧在掌心，有些父母認為與其讓孩子想說卻強忍，不如讓他們盡情暢言。但，若論為孩子間能夠恣意彼此言語威嚇，這個社會將演變為弱肉強食。即便父母教導的出發點是希望孩子不要輸、不要受傷，卻可能導致孩子處於危險之中。

父母必須教導孩子在強勢的同學朋友面前，該如何開口說話，當孩子在遇到這樣的狀況時，能夠針對言語攻擊做出防禦。

如果朋友說了讓自己丟臉、受傷的話，記住，別因對方的話動搖，只要回應對方：「你是這麼想的嗎？」，就不必再多回覆對方。

另外，也請和孩子一起討論「有思考的話」和「沒有思考的話」。人類是語言性的動物，說話必須有格調，社會才能維持安全。語言蘊含人類的內心和思考，結合了意義與聲音，如果說話不經思考，那就不是在說「話」，不過是「聲音」而已。

父母的日常對話中，也必須留意是否有一方較懦弱，抑或一方較厚臉皮的情況。三歲前的孩子會展現天生的氣質，三歲後以父母的薰陶為主，開始學習和他人相處。孩子到小學高年級左右，會開始了解邏輯和因果，並能做出判斷。

「我本來就這樣！」這句話既透露出非理性，同時也宣示自己的隨心所欲，無意要顧慮他人。這樣的言論，其實代表一種暴力，展現出不依所學、所見、所聽聞行事。孩子到了高年級時，請告訴孩子不應該說：「我本來就這樣！」，要引導孩子產生自覺，父母可以和孩子分享「本來」的意義，並且告知孩子為什麼不能讓強勢、聲音大的人贏。

「絕對不是聲音大的人就會贏，有句話說『做賊的喊捉賊』，強勢取勝不過是有錯的人先出聲，這樣的方法很不可取，千萬不要這樣。」

配合孩子的程度，用更有趣的方式說明

「有句話說『惡人先告狀』，明明做錯了，但卻為了掩蓋事實，而用大聲、強勢的方式壓制對方，這樣是不對的，絕對不能這樣。」

Column

與孩子的表達力練習

❶ 生氣或不如自己的意時

不要說「本來」，先整理自己的想法再說出口。

「我本來就這樣！」（×）

→「原來直率和想說就說不一樣。」

「原來不經思考的話可能傷害到別人。」

「生氣或狀況不利於自己時，愈要好好思考後再說。」

「我思考一下再說。」

「我先聽你說，聽完我想一想。」

❷ 如果朋友回答說「我本來就這樣！」

如果彼此是能給予對方建議的關係，你可以這樣說：

「如果你天生的個性和說話方式會傷到對方或令對方難堪，也許你可以稍微改變一點，說委婉一些。」

若要簡短回答，你可以這樣說：

「原來如此。」

❸不同意朋友所說的話時，可以這樣說

「我不這麼認為。」（×）

「你說什麼啊？」（×）

「原來如此。」「原來你這麼想。」（○）

「確實有可能那麼想，我也這麼想過。」（○）

❹朋友以「幹嘛那麼委婉？」反駁時，可以這樣說

「當然也可以直說，但也可以想想看，聽的人做何感想，我比較傾向想好再說。」

❺如果朋友認為有話就說的人很有魅力，可以這樣說

朋友：「現在要有魄力才會贏。」

「說話大聲就贏了，你不知道嗎？」

孩子：（冷靜的語氣）「並不是大聲就代表把話說好，也不是強勢就一定會贏，而是最後贏的人強勢。溫柔慢慢講，同樣能把說好，把事情講清楚。」

「原來你這麼想，但我發現如果強勢或大聲說話，我事後會覺得後悔，心情也不太好，所以我正在努力溫和地好好說話。」

04／培養孩子的幽默感

書俊從學校回家後，無精打采地對媽媽這麼說。

「媽媽，同學們在學校說冷笑話，笑得東倒西歪，但我覺得好幼稚。鴨子很渴，就是『旱鴨子』，這好笑嗎？」

「哦，鴨子變旱鴨子呀，很有創意呢！」

「是喔？他們說美國的書就是『USB』，世界上頭腦最好的國家是『智利』，媽媽覺得好笑嗎？」

「哈哈哈，很有趣呀！」

「媽媽也覺得好笑？原來媽媽也很幼稚……。」

「大家也是覺得好笑才笑的呀！笑和幼稚有什麼關聯嗎？」

媽媽的反應讓書俊有點不知該如何是好，但更慌的其實是媽媽。媽媽擔心孩子事事都要計較、分析的個性，不知會被朋友如何看待。書俊計較朋友笑鬧懷的事，讓媽媽想起了自己青少年時期的事。

「書俊，就算你覺得無聊，其他人也可能覺得有趣，不能因為別人的笑點跟你不同，就說別人幼稚。」

「他們幼稚是事實呀！我覺得不好笑，同學說我超無聊，他們不幼稚嗎？」

「你只說不好笑嗎？」

「我說一點也不好笑、很無聊，我一點也不好奇世界上頭腦最好的國家是哪裡，這種冷笑話問答，不知道到底是誰發明的。」

書俊的回應讓媽媽陷入沉思。小學生不就該跟朋友嘻嘻哈哈地玩耍、交朋友嗎？一一探究朋友的幽默，不僅影響交友關係，也限縮自己的話題。任何人都喜歡對自己的話題有反應、懂得適當回應的人。思考至此，媽媽認為書俊需要學習說話。

判斷應該理性回應對方或感性接受對方，抑或陪對方笑或給予安慰，便是所謂的「說話語感」。唯有提升說話語感，才有能力接納這個世界，讓關係更圓滑、溝通更順暢。尤其接納與享受幽默的能力，不僅可以提升孩子的語言表達流暢性，更能拓展孩子的世界。

「胡言亂語 Nonsens」指的是說話文不對題，有的人會因為這樣的回覆而笑，當然也有人可能追根究柢。

聽到下述冷笑話時，你們家的孩子有什麼反應呢？

Q 第十一本書，猜看看是什麼成語？

A 不可思議。（Book11）

像書俊一樣的孩子，可能會追究「十一」和「思議」的不同，遇到這樣的狀況，請別回應孩子：「別追究，就是有趣而已！」。這樣的回應，同樣是在追究孩子所說的話，會讓孩子更深入追究。只要微笑回應孩子就可以了，很多孩子會堅守著自己的原則。

大人可以理解、接納孩子的行為，但同齡朋友可能會認為他是奇怪的人，不想跟他一起玩。有的同學可能說他「無聊透頂」，甚至反問他：「何必追究那麼多？」。

經常微笑回應別人的話的人，會給人開朗、有親切感的感覺；相反地，句句追究別人的話的人，會帶給對方愛批評、難以親近的感受。因此，能夠快速接納對方的話，並且微笑回應，其實是很了不起的「能力」，這也就是為什麼幽默感能夠拓展孩子世界的寬度。

培養善於說話、幽默的孩子

當我們看電影或電視劇的時候，不難發現很多主角面臨危急狀況時，仍然可以從容、幽默應對，其實這是來自於日常中培養的說話習慣。

能夠妙語如珠、享受幽默的人，看起來會更加自在且寬容。過去的時代，不說廢話、沉默如金的人較能被接納，但現代社會更喜愛擁有幽默感的人。政治人物為了親近選民、主播為了親近聽眾，無不善用幽默感，面對大眾的演說，幽默和趣味儼然已是不可或缺的成分。

過去，幽默感被認為是天生的個性，「有也好，沒有也罷」，但現在是需要努力訓練、學習幽默語感的時代。如果孩子沒有天生的幽默感，就請父母幫忙培養。現代社會文化並非處處唾手可得幽默，孩子最能學習的地方就是家庭，最能指導的人就是父母。幽默感，可以說是語感中最高級的手段！

也就是說，懂幽默、知覺比較細膩的人，不論在哪個領域，都會是受歡迎的人。透過眼睛、鼻子、嘴巴、皮膚，都能接收外在刺激。此外，善於聆聽的孩子，能夠聽出對方的弦外之音，善於說話的孩子，對語言的感受力較強。

當朋友逗大家開心時，如果孩子不笑，並且追問對方為何而笑，那麼孩子極有可能成為朋友間拒絕聊天的對象。孩子被孤立的原因，就在於「語言遲鈍」，如果父母沒有察覺，不懂孩子為何被排擠，就只能窮擔心而幫不上忙。別擔心，接下來我會告訴各位，要如何培養孩子的語感和幽默。

“父母可以這樣做”

孩子的幽默感，該如何培養呢？

1 父母要懂得笑

如果孩子說了有趣的話，請拍手大笑。當對方對你的小幽默做出大反應時，你會不自覺產生好感。如果擔心孩子的社交能力，請教他對別人的話做反應。

媽媽以笑容面對孩子的話，也是十分重要的事。絕對不能用分析或批判的方式來回應孩子，比方說：「那到底有什麼好笑！」、「你要說得好，人家才會笑呀，怎麼能自己先笑！」請配合孩子的話回應，例如：「第十一本書就是『不可思議』呀，哈哈，好有趣，哪裡聽來這麼有趣的問題呀？」孩子看到、聽到後，都會學以致用。幽默的基礎是靈活的思考，孩子會學習父母所展現出來的樣貌。

2 請告訴孩子與幽默相關的偉人故事、幽默感的重要性

提到「幽默」，很多人會想起林肯總統。林肯總統有這樣的故事，一八五八年參選議員時，道格拉斯指控林肯是「擁有雙面臉孔的雙重人格者」，林肯這麼回覆：「如果我有兩張臉，在今天這麼重要的場合，我會用這張不帥氣的臉蛋出席嗎？」

除此之外，林肯總統在政治生涯中，對於各種抹黑和攻擊言論，也都以機智和幽默應對。林肯的幽默，總是能逆轉劣勢，讓他獲得更多人的支持。

當處於弱勢或慌張時，有的人會「提高音量，讓狀況更加惡化」，也有的人會「以幽默制伏對方」。幽默並非搞笑，它能讓關係更圓滑，也能塑造自己希望的氛圍，請這麼告訴孩子。唯有讓孩子理解幽默的力量，他們才會積極努力學習幽默。

3 請利用全家一起共餐的時光輕鬆對話

如果家裡氣氛好、充滿歡笑聲，孩子自然會培養笑的習慣，回應他人的方式也會更溫和。我過去擔任電視台嘉賓時，曾被諮詢一家人用餐時，該談什麼話題才好。我這麼回覆：只要是不沉重的話題都好，別聊成績、學校、生活、讀書等等，最好從有趣又輕鬆的話題開始。

其中一項，就是冷笑話或機智問答，例如「有一隻熊走過來猜一個成語？——有備而來！」諸如此類連小朋友、小學生都能一起笑的話題最好。說明的時候，可以自然帶入一些單字或故事，帶來一石二鳥的效果。例如用這樣的方式解釋：熊的英文是「Bear」，所以「有一隻熊走過來」就是有「Bear」來！用有趣的方式說明，可以提升孩子的語彙能力，孩子的語感和表達力反應也會更加靈敏。語言反應快的孩子，將來在發表和面試時，往往能得心應手。若將幽默發揮得恰到好處，孩子將擁有能與世人溝通的重要基本能力。

Column

與孩子的表達力練習

培養幽默的語感練習

幽默感可以從小培養。除了要說得幽默，也要懂對方的幽默。

❶ 理解對方想要說笑的心情

即使無法大笑，也要認同對方的幽默感。

「朋友說笑話的時候，你怎麼反應？」

「朋友說笑時，一起笑也是對話禮儀，你覺得呢？」

「如果不好笑，不必勉強自己大笑，微笑就可以了。」

❷ 即使覺得不好笑，也請認同對方

如果孩子說不好笑，請以「這樣啊」帶過。

說明「好吧，可能不好笑」，認同對方。

如果孩子說：「哪裡好笑？幼稚」，請告知孩子不能批評對方。

「如果朋友笑點和你不同，你就說他幼稚，會顯得很失禮。」

「大家都在笑，只有你在追問，誰會喜歡你？」（×）

一味用分析和判斷的言論，會讓孩子變得呆板。如果孩子幽默感不足，但很善於分析，請稱讚孩子的分析能力。當孩子對自己有自信，孩子就會變得更加寬容，思考也會更溫和。當孩子樂觀、正向時，頭腦也會更加靈活。

【引導孩子的說話練習】

「朋友說笑話、營造氣氛時，感同身受一起大笑。」（○）

「即使不太好笑，也以微笑回應。」（○）

「欸，這兩個明明不一樣好嗎？」（×）

「一點也不好笑！」（×）

「真幼稚！」（×）

05／培養孩子先看對方的優點

「媽媽，同學說我如果稱讚他的話，就是真的在稱讚。」

媽媽聽到孩子這麼說，心裡不禁想著：「這真的是稱讚嗎？」彷彿不太是稱讚，又好像真心贊同，因此媽媽繼續往下問。

「你說了什麼，讓對方說是『真的稱讚』？」

「我今天說俊英很帥，俊英跟其他同學說我平常不太稱讚人，但我今天稱讚了他，代表他真的很帥。」

「俊英說你不太稱讚人，是真的嗎？媽媽覺得很好奇。」

「稱讚嗎？我好像不太常說稱讚的話。」
「那就是因為你平常不太稱讚別人，所以說你如果稱讚，就是真的在稱讚囉？」
媽媽仔細思考，自己家兒子似乎確實不太稱讚別人。媽媽再次詢問兒子。
「除了今天以外，你還有稱讚過同學什麼？」
「好像沒有。一定要稱讚別人嗎？」
「你不說的話，沒有人知道你在想什麼。稱讚要說出口，才能傳達給對方呀！」

稱讚也有技巧

稱讚是社交生活必備的話語，有助於孩子的情緒發展與表達能力。沒有人會喜歡虛假的稱讚，即使稱讚是好話，但不符合狀況的稱讚，還不如不說的好。

如果孩子思考著：「一定要稱讚別人嗎？」而吝於稱讚，或是不擅長稱讚別人，請教導孩子該如何稱讚，並且和他們一起練習。稱讚也有技巧，一起和孩子學學看吧！

「建宇，你上次問稱讚是不是一定要說出口，對吧？如果你不說，朋友會知道你覺得他很棒嗎？」

請和孩子分享稱讚與適合的狀況。

告訴孩子「如果朋友有什麼優點，都應該表達出來」也是一種方式，但更建議依狀況舉例給孩子聽。

「稱讚是好話，也是好習慣，不過有時候稱讚也會給對方壓力。」

「嗯……是關於成績的稱讚嗎？」

「對的，會有壓力吧！還有其他的嗎？」

「我不太清楚。」

「媽媽覺得關於外表的稱讚也要小心一點。」

「為什麼？瘦瘦的很羨慕、身材很棒、眼睛很大、腿很長，不都是稱讚嗎？」

「從你的角度來說可能是稱讚，但聽的人可就不一定了。」

「是喔？對了！我朋友敏秀很瘦，他就想要壯一點。」

「那就不能跟敏秀說瘦瘦的很棒。」

「原來如此，就像媽媽說的，稱讚朋友的外表要小心一點。」

培養懂得適時稱讚的孩子

孩子總有一天要獨立。懂得適時看狀況稱讚的孩子，即使「獨自」面對這個世界，也能和大家「一起」幸福生活。若要孩子獨自習得這項能力，需要經歷許多錯誤與時間。好話也要說得好、說得巧，說話的細節部分，可以透過和父母的對話來進行練習。

父母若能從小和孩子進行稱讚練習，孩子未來獨自面臨激烈、艱困的狀況時，也能從容應對。此外，孩子也能明白該說什麼話、該如何讓關係圓滑、心結該如何解開。

“父母可以這樣做”

懂得看對方優點的孩子，不論到哪裡，都會受大家喜愛。如果朋友懂自己的長處，我們會不喜歡他嗎？韓國俗話說，「稱讚能讓鯨魚跳舞」，說明了讚美的力量何其大。相反地，也有人說「稱讚有毒」。反覆脫口而出無意義的稱讚，不僅無法傳遞稱讚的意圖，更會讓人對於你說話的真實性心存遲疑。

我在上課時，會告訴大家該如何稱讚孩子。很多稱讚是針對「結果」，但最好的稱讚其實是「稱讚努力過程」。

對年紀尚小的孩子來說，在他們掌握如此高難度稱讚之前，培養他們稱讚的能力更為重要。思考著該不該稱讚，而錯過稱讚時機的孩子；或是自然看到朋友的優點，並且稱讚對方的孩子，哪個孩子的人際關係會比較好呢？想當然爾，父母必須幫助孩子養成稱讚的習慣。

稱讚即是看見對方的優點。懂得稱讚的孩子，代表他能看到別人「值得稱讚」的地方，也就是他人的優點。有的人會先看到他人的優點，也有的人會先看到缺點。雖然透過別人的缺點，可以當作負面教材，或借作他山之石，幫助自己成為更好的人，但對年紀小的孩子來說，發掘他人的優點，並且加以模仿、內化，會是更好的方法。

找出對方的優點後，不能放在心裡，必須要練習表達出來。大家對於理解自己、稱讚自己的人，會敞開胸懷，也會發自內心喜歡對方。因此懂得稱讚的孩子，自然能夠交到許多朋友。請幫助孩子找出他人優點，並且表達出來。

稱讚的方法和效果

「稱讚要在人多的地方，讓大家都能聽到。」

「關於外貌、成績的稱讚要小心留意。」

「稱讚對彼此有益的部分是什麼？」

「尋找稱讚之處的過程，能看見對方的優點。」

「稱讚能讓他人對自己更有好感。」

Column

與孩子的表達力練習

「你要能辨別稱讚與羨慕，有的話聽上去是稱讚，但也可能讓對方覺得你在羨慕。你要先想想這是好話，還是羨慕對方。對聽的人來說，他們可能會想：『你是因為這個原因才和我當朋友的嗎？』，甚至可能認為你在忌妒他。」

1. 辨別稱讚與羨慕的說話方式

「欸，那個看起來很棒。」（羨慕物品）

「你挑的嗎？好適合喔！」（稱讚）

2. 避免讓人有壓力的稱讚

❶ 稱讚外表、天賦與別名

「你眼睛真大，好像大眼蛙。」（×）

對方聽完可能對大眼睛這個點感冒。

❷ **稱讚成績**

「你成績真好，好羨慕。」（×）

對方可能會對成績感到壓力。

❸ **對於物品的稱讚，或是對高價物品的稱讚**

「你有好多零用錢，可以買好多東西。」（×）

3. 各種狀況的稱讚和認同

除了稱讚之外，也要練習「認同」。認同代表理解，而稱讚則是讓對方有「被認同的感覺」。

- 練習找出優點，並給予稱讚
- 認同朋友，提升對方自尊

❶ **朋友表現出親切時的回應**

「〇〇，你好親切，謝謝你。」

❷ 朋友幫助自己時的回應

「謝謝你幫我解決問題。」

❸ 想要表達開心結交這個朋友時的回應

「有你這個朋友真好，希望以後也能繼續當朋友，謝謝你。」

❹ 說出朋友的優點的回應

「你的字好漂亮，怎麼練習的？」

❺ 認同朋友的回應

「你好認真喔！」

06／父母學習讓孩子開口的方法

「媽媽，你知道那個嗎？」孩子像發現新大陸般，分享著媽媽早已熟知的話題。

「媽媽，聽說蟬通常會在土裡生活5～7年才出來，也有些會待上13～17年！」

原來是，爸爸曾經說這件事給孩子聽，當時媽媽也在場。當孩子說出大家都知道的事情，或是分享媽媽覺得沒什麼大不了的事時，該做何反應呢？

反應一：那是之前爸爸和媽媽跟你說的呀！

反應二：牠們會在土裡待這麼久呀！要怎麼清楚記得年份呢？

很興奮、想要和媽媽分享的孩子聽到第一個反應，會有什麼感覺呢？孩子可能會覺得掃興、不知該如何是好，而選擇閉上嘴巴。

關於學習說話的力量

你們家的孩子也會得意說著大家都知道的事情嗎？不管孩子想要說什麼，即使父母早已知道，也請佯裝不知，讓孩子能夠盡情分享。如果孩子出於想要被稱讚，而和父母分享故事，請配合孩子回應，並找機會盡量稱讚他。這樣的做法能讓孩子和父母的交流時間更幸福，孩子也會想愈說愈多。

什麼樣的父母，能讓孩子開口呢？假設不管問什麼，孩子都回覆：「不知道」，不能完全歸咎於個性。當然，有的孩子天生話多，有的孩子天生話少，有的孩子問一句回十句，有的孩子怎麼問都是簡答。

遇到這樣的狀況，不必在意孩子是否話太多，或是回答沒有誠意。有的孩子在外面不太說話，但在媽媽面前很多話。最好的狀況，是孩子在父母面前能夠滔滔不絕。唯有讓孩子開口，才有機會進行表達力練習。

隨著孩子長大，父母要漸漸轉變為孩子生活的諮詢者、支持者角色。總有一天，孩子必須脫離父母，自行成長。孩子的成長會在學校落實，和同學、朋友們一起同行。父母無法在孩子身後如影隨形，為他們發聲。

父母能盡力做的，就是教導孩子在面臨各種狀況時要開口發言表達，並幫助他們培養不輕易被別人話語傷害的內心。孩子和父母學習說話後，會應用於和朋友、老師、大人們的對談，幫助他們融入社會生活。父母想要教孩子正確表達，首先必須和孩子親近，讓孩子喜歡父母。因為孩子在喜歡的人面前，會更想要說話。

你是會讓孩子開口的父母嗎？孩子會思考要不要說，或是後悔說了反而被罵嗎？要讓孩子脫口說出父母所教的話，必須要先讓孩子開口。

“父母可以這樣做”

如果孩子話太少，有的媽媽會說：「你說什麼都好呀！」如果孩子回覆：「什麼都好是什麼？」在這個場合中，讓孩子開口的媽媽和讓孩子閉嘴的媽媽，究竟是怎麼樣呢？

讓孩子開口的媽媽：（很開心）你說了呢！（〇）

讓孩子閉嘴的媽媽：你真的不知道嗎？「什麼都好是什麼？」你在說什麼啊！（×）

有句話這麼說：「孩子的事，父母總是最晚知道」。如果父母的言行會讓孩子畏縮，或者父母說孩子「多嘴、少說話」，都可能讓孩子閉口不提。

說話文不對題的孩子、反覆說同一件事的孩子、說著平淡無奇的事卻自己笑不停的孩子、不挑時機說話的孩子、不讓父母先開口的孩子等，面對這樣的孩子，父母該如何反應呢？

讓孩子閉嘴的話

「別說沒用的話，謹慎一點。」

「上次說過了呀！怎麼記不住呢？」

「有什麼好笑的，能笑成那樣？」

「大人在說話，怎麼能插嘴？」

讓孩子開口的話

「哦，原來你這麼想。」

「你怎麼知道呀？」
「是喔？哇，媽媽不知道呢！」
「你對那個有興趣呀？好厲害！」
「媽媽之前也不知道，托你的福跟上流行了。」
「好好笑！你怎麼知道那麼多笑話？」

並非不論孩子說什麼，都要給孩子「很棒」的回應，回應的時候，可以同時教導孩子。如果孩子不懂裝懂，或是不看時機說話，可能會被朋友說：「別吵」。

父母平時要好好傾聽孩子，並讓孩子知道，想要堂堂正正的說話，就必須要有正確的知識，才不會造成負面效果。

媽媽：要怎麼做，才能堂堂正正說話呢？

孩子：要讀很多書！（要有知識、要說清楚）

媽媽：沒錯，要先有正確知識。如果沒有知識，不但話說的不好，而且讓人感覺起來很像在裝懂。

如果父母能讓孩子開口，孩子日後遇到冤枉的事、難過的事、煩悶的事、令人生氣的事，都將知道如何處理。父母想要訓練孩子說話，要先讓孩子到父母面前，和父母對視而坐。假若孩子和父母之間有所距離，父母就無法教導孩子說話。

大家都會好好聽自己喜歡的人說話，不論孩子說什麼，都請尊重、傾聽。教孩子說話之前最重要的事，就是好好傾聽孩子、不打斷孩子說話，並且好好回應。

Column

與孩子的表達力練習

請和孩子討論「如果想在同學面前說自己的想法，該怎麼說呢？」幼稚園和國小低年級的年紀，是孩子容易不懂裝懂的時期，不管孩子說什麼，都請先好好聆聽。

「你不懂就不要亂說。」（×）

「不能說朋友不懂裝懂。」（○）

請告訴孩子在實際狀況中，該如何表達自己的想法。說明時舉例愈具體愈有幫助。

❶在學校向同學說明自己的想法時

「同學們，這樣如何？」

「我在書上看過，好像有這個方法！」

❷傳達自己的想法給老師時

「老師，我覺得可以試試看這個方法。」

父母要展現優良示範，如說話的時候考量對方的反應，或視場合說適當的話。不打斷對方說話、聆聽到最後、輪到自己說的時候再說，這些是說話禮儀最重要的關鍵。想要教孩子說話，最重要的是要先扮演讓孩子開口的父母，千萬別忘了！

【第二章】

讓孩子在朋友間受歡迎的表達術

01

當朋友讓自己感到不舒服時的表達方法

這一天，孩子們到外面坐著玩泥土。民旭在用土做房子，因為太過專心，沒有發現自己挖的土一直撒到藝智那邊。藝智忍著忍著，最後抓了一把土撒向民旭。民旭在毫不知情的狀況下被撒了一身土，他生氣大叫。兩個人就這麼吵了起來。

「是你先故意的！」

「我哪有？」

「嗚嗚嗚哇～」

「嗚嗚嗚哇～」

因為民旭和藝智的哭聲，讓遊戲停了下來。老師過來詢問事情的經過，民旭和藝智兩個人爭先恐後地說。

「民旭先用土弄我。」

「我哪有？」

「你把土用過來，還跑到我眼睛裡。」

父母可以這樣做

要論對錯，沒有注意到把土弄到別人身上的民旭當然不對。然而，藝智用同樣的方式回擊，也是該思考的問題。兩個人都是加害者，也是被害者。這樣的場景，為什麼會反覆在幼稚園的遊樂區上演呢？

如果孩子回到家說：「我被○○打、「○○來弄我」，父母該如何回應呢？

「人家打你，你就要反擊！」

「要打架就不要輸！」

「那你做了什麼？」

很多父母擔心孩子在學校被排擠、被欺負，所以這麼教導孩子。但這樣的方法，對孩子沒有任何幫助。那麼，該如何告知孩子呢？

如果是玩土不小心弄到朋友的孩子家長，請告訴孩子應該這麼說：「抱歉，我不是故意的。不小心弄到你，對不起。」

另一方面，如果是被土弄到的孩子家長，請告訴孩子，如果朋友毫無原因讓自己不舒服，先別做情緒反應，可以問問朋友：「你的土弄到我了，我覺得不舒服，你『為什麼』要這樣？」

最重要的，就是詢問「為什麼」。除了惡意、故意欺負同學的狀況外，一般來說，顧著玩而無暇顧及周遭、造成別人困擾的事情，在孩子間其實很常發生。

Column

與孩子的表達力練習

即使朋友讓自己感到不舒服，也別立刻做情緒反應。

「很煩！」「幹嘛啦？」「喂！」（×）

1. 說明自己的心情

「你這樣我不舒服。」

2. 詢問對方原因

「你為什麼這樣？」

注意不要用質問的口氣詢問。

3. 要求對方

以「我希望」開頭。

例如：「我希望你的土不要弄過來。」

02／拒絕幫忙和被誤會時的表達技巧

平時很要好的大媛和熙秀，今天下課時間坐著聊天。她們的休息時間，就是最開心的聊天時光。她們從昨天的電視節目，聊到最近大受歡迎的偶像明星，天南地北無止盡地聊，彷彿休息時間的時鐘走得特別快。

「上課了！」

「什麼啊，想知道後來怎麼了！」

「那我偷偷傳字條給你？」

「嘻嘻，好！」

鐘聲響起後，老師繼續上課。他們跟著老師的指示打開書，但壓根沒有在聽課，唯獨注意老師的視線而已。他們把還沒聊完的內容寫在紙條上，背著老師傳來傳去。

詩英坐在大媛和熙秀中間，她們傳紙條的時候，需要透過詩英幫忙。大媛悄悄地拍了詩英的肩膀，眼神示意請她幫忙傳紙條。詩英擺出為難的表情，並且搖了搖頭。

大媛不顧詩英的拒絕，急著要她幫忙傳紙條。老師轉過去確認課程資料時，大媛抓準時機，把寫著「幫我給熙秀」的小紙條放到了詩英的桌上。

「要是我幫忙傳，然後被老師發現，我就會被罵……。」詩英不喜歡被老師指責，這樣的狀況讓她很困擾。在她猶豫的時候，大媛擺出著急的表情。

「（小聲）趕快給熙秀，小心一點就不會被發現！」

「好吧，趕快給她，就能專心聽課了。」

詩英把紙條傳給熙秀的時候，正巧被老師逮個正著。

「老師看到了，朴詩英站起來。上課時間不能做其他事情！」

「啊……老師，這是大媛拜託要傳給熙秀的。我沒有做其他事。」

詩英很著急，她不想被老師誤會，於是跟老師說明狀況，為自己辯解。但在老師眼裡，這些不過是「狡辯」而已，完全無濟於事。

「安靜，朴詩英、鄭大媛、楊熙秀，下課後我要檢查你們的筆記。」

老師不聽詩英的解釋，讓她覺得很冤枉。她滿腦子想著：「我明明不想幫她們傳」、「都是因為大媛丟到我桌上，我才不得已幫她」、「為什麼老師不聽我說？」愈想愈覺得拜託她幫忙的大媛、和大媛傳紙條的熙秀、不幫自己辯解的周遭同學、誤會自己的老師，通通都很討厭。

如果孩子沒有練習過在課堂上被大家注視、被老師公開指責時要如何應對，當然會很慌張。因為不想被老師誤會，而和老師說明一切，結果卻被當成打小報告的同學。

類似的事情若多發生幾次，甚至可能在老師和同學間留下「愛辯解的同學」、「愛打小報告的同學」的印象。

曾經被誤會過的孩子，可能會認為「如果幫忙同學，可能讓自己很困擾」，未來面對朋友的請求，可能會冷淡拒絕，抑或閃躲推遲，進而影響自己的人際關係。

父母可以這樣做

在校園團體生活中難免產生誤會，被誤會讓人覺得冤枉，而如果是因為朋友被誤會呢？孩子在學校經常會遇到這樣的問題。

「被朋友誤會一定很難過。」

「在班上同學面前被老師罵，很冤枉吧！」

父母要能切深體會孩子委屈的心情，並向孩子說明，要他們不要因此討厭朋友，也不要因此成為愛打小報告的人。以下是情境對話示範。

「有時候會像今天一樣遇到很冤枉的事情，但朋友絕對不是故意要害你被罵的。上課時間傳紙條或做其他事情是不對的，但也有可能他們真的有重要的事情要說，對吧？」

「但是，他們在聊不重要的事，還拜託你傳紙條？上課時間不應該這樣，那就是同學的不對了。」

「被發現當下肯定覺得慌張，你可以直接跟老師說『不是那樣的』。因為不是你的錯，所以你只是陳述事實，並不是辯解，雖然從老師的立場看來可能像在狡辯。」

「我相信你會想要立刻跟老師說明情況，但可以等下課再和老師說，或著也可以向同學說明。冷靜一點再說會比較好。」

當孩子被他人（老師、朋友）冤枉時的三階段

一：理解孩子的心情（感同身受）

二：和孩子聊對方的狀況（換位思考）

三：讓孩子放鬆心情、理解對方的心情（理解）

面對孩子的負面情緒時，最重要的是用溫柔的表情和緩和的語氣和孩子對話。

「原來你這麼想呀，你沒有討厭同學呀！」

思考對方的立場，並設身處地去理解。

「那時候朋友很生氣，剛好在和你講話，所以對著你出氣，並沒有什麼惡意。我們家女兒這麼可愛，朋友怎麼可能會害你呢？」

「你覺得老師不公平，所以很生氣啊。如果是媽媽遇到這樣的狀況，也會覺得心情不好。」

視情況傳達「並非差別待遇」的想法。

「老師對所有同學都是公平的，但有的人會覺得老師不公平，其他同學可能也會這麼想，但絕對不是這樣的。」

Column

與孩子的表達力練習

1.（上課時）拒絕朋友的要求

（用厭煩的表情說）「不要。」（×）

→搖頭說「不行」拒絕（〇）

（下課後）對朋友說明

「因為剛剛在上課，所以不能幫忙。」

2. 不得已幫忙朋友而被指責時

「老師，是那個同學。」（×）

「為什麼只有我被罵？」（×）

「喂！都是你害的！」（×）

3. 因為朋友而被誤會時

❶用冷靜的語氣說明狀況

「老師，同學把紙條傳過來給我的。」

❷ **和老師對話**

「老師，我有話想和您說。」

「剛剛同學拜託我幫忙傳紙條，結果我被罵了，我覺得有點冤枉。」

❸ **和朋友說開**

「我幫忙傳紙條被罵，有點難過。」

「以後上課時間不要傳紙條。」

03／當慌張和臉紅時的表達技巧

「江盛賢，你來回答看看吧！」

「……啊？」

在校園生活中，常會遇到突然被老師點名回答，或被大家關注的時刻。遇到這樣的情況，有的孩子完全不會緊張，能夠好好地表達自己的想法，也有的孩子會不自覺臉紅，無法好好表達。

大人會看對方的臉色應對，但不會顧慮對方立場的孩子，可能會不假思索捉弄對方，好比說笑對方臉紅得像紅包一樣。

「你看看他，他的臉變好紅喔。」

「哈哈，紅包耶！」

臉紅的孩子已經感到很不好意思，同學們這時候還取笑他，會讓他更加慌張。尤其是認生的孩子和在意別人眼光的孩子，甚至會有緊張到想哭的感覺。往後老師叫到他的名字，或是要到講台上發表的時候，他都會倍感緊張。

遇到這樣的狀況，放學回家後仍會一直想起在學校臉紅、被同學笑的事情。盛賢也是如此。他不喜歡會臉紅的自己，也很討厭同學捉弄他。盛賢一回到家就這麼對媽媽說。

「媽媽，我不想去學校。」

「你不想去學校？怎麼了嗎？」

「同學們笑我。」

「他們怎麼笑你？」

「不知道。」

「有人欺負你嗎？還是有人打你？」

「沒有。」

他想和媽媽訴苦，但不知道該從何說起。媽媽十分擔心他被打或被霸凌，這一點也讓他感到有壓力。臉紅這件事已經讓他傷心，因為被取笑就不想去學校的想法，也讓他自己覺得很愚蠢又無奈。他想要好好說明，但想到那時候的情境就覺得不開心，不自覺嘟著嘴巴。這時候，媽媽冷靜下來問他。

「同學怎麼笑你？媽媽很好奇，和媽媽聊聊心情會比較好喔，要不要講講看？」

「今天在學校的時候老師問我問題，我想不起來所以沒回答，同學就笑我說這麼簡單的題目也不會。因為突然被叫到，我就不自覺臉紅，這又不是我能控制的。如果大家明天又叫我紅包怎麼辦？我不想去學校。」

父母可以這樣做

就如孩子所說，臉紅並不是自己可以控制的，所以對孩子說：「你為什麼要臉紅？」並沒有意義，而且孩子在學校已經歷經了慌張的時刻，最好避免再次批評孩子。這就好比把害羞、躲在媽媽身後的孩子抓到前面問：「你為什麼這樣？」。如果媽媽這麼做，孩子對媽媽的信任會崩潰瓦解。

「你因為臉紅，就不想去學校嗎？」這句話也沒有任何幫助，因為每個人對狀況的感受不同，不能因為孩子的想法和自己不同，就忽略或否定孩子的想法。

「因為你總是很慌張，所以同學才會想要鬧你啊！大家叫你紅包，你也可以欣然接受呀！」媽媽說這樣的話，完全無法安慰孩子。因為仍沉浸在受影響的情緒之中，孩子很難欣然接受。

「我們家的孩子這麼玻璃心，該怎麼辦呢？」

「臉紅又不是值得丟臉的事情……。」

此時，媽媽可能有各式各樣的想法，也許你會想要對孩子說：「臉紅不是壞事啊」、「不管怎樣都應該去學校」、「為了這點事就不去學校，以後該怎麼辦」等等，但不管怎樣，請先認真聽孩子說。

媽媽：你因為臉紅而覺得丟臉嗎？還是因為同學叫你「紅包」，你不喜歡？

孩子：我不喜歡自己臉變紅，也不喜歡大家取笑我。

事實上，當我們生氣或慌張的時候，身體會跟著產生變化，例如體溫上升，這時候為了散熱，皮膚的血管便會擴張，導致臉頰變紅。最重要的其實是保持心情平靜，但這對孩子來說其實很困難。

這時候可以對孩子說明大家慌張的時候都會臉紅，讓孩子安心。

「媽媽慌張的時候也會臉紅，媽媽也會因為不想被發現慌張，而想要假裝沒事。但很奇怪的是，你愈想要把臉紅這件事隱藏起來，臉就會變得更紅。遇到這樣的狀況時，你可以閉上眼睛默念『沒事的』，並且深呼吸，心情平靜下來以後，臉馬上就不紅了！」媽媽先敞開心房分享自己的事，孩子也會慢慢開始分享想法。

「媽媽，我真的不喜歡大家突然看著我，還有嘲笑我。」

「沒有人喜歡被嘲笑，但在事發當下如果你哭或是生氣，大家可能會更捉弄你。你可以在心裡想：『紅包又怎樣？』，並試著微笑。」

如果媽媽告訴孩子自己也曾經臉紅，但孩子沒有因此獲得安慰，不妨告訴孩子知名人物的故事。

「你知道韓國最有名的主持人劉在錫嗎？他很會說笑話，也很會開大家玩笑，但聽說他以前有鏡頭恐懼症，常常會結巴，所以他很努力以對方的立場進行說話練習，也儘量練正確的發音。所以當我們看到電視上的他，根本不知道他原本害羞的個性嘛。現在老師突然叫到你，會讓你緊張、臉紅，但搞不好你以後也可以像他一樣有自信地好好回答。現在同學笑你，你可以笑哈哈地帶過，臉紅一下也不會怎麼樣，臉紅又不是什麼壞事情。」

不能對害羞或慌張的孩子說的話

「那你為什麼要臉紅？」（×）

「為什麼要為了那點事害羞？」（×）

「同學笑你，你都沒反應？」（×）

「怎麼能為了這點事就不去學校？」（×）

Column

與孩子的表達力練習

❶ 被笑的時候不生氣也不強辯

「幹嘛笑我。」（×）

「才不是，我沒有害羞，也沒有臉紅。」（×）

（心裡想）「原來我臉紅了啊，這時愈要冷靜。」認同並冷靜下來。

❷ 挺肩坐正，抬起頭來

・記住「態度也是一種語言」。

・不低頭、不做想哭的表情。

（心裡想）「低頭或盯著大家看，更會被捉弄。」

❸ 慢慢、清楚說明想法

・緊張的時候說話速度會變快，記得要慢慢說。

・如果還是想不起來，有禮貌地向老師說明。

「老師，我現在想不起來，可以等我想到的時候再回答嗎？」

04／
不小心害朋友被懲罰時的表達方法

任何人都會犯錯，尤其還未成熟的小學生，在學校難免會對同學犯錯，犯錯並沒有關係，只要能好好道歉、深刻反省，就能慢慢成長。

妍雅在學校不小心犯了錯，造成朋友的困擾，導致她一整天都不太開心。回到家後依舊心情不好，就連吃著她最喜歡的餅乾時也愁眉苦臉。媽媽發現她的表情不同於平常，於是問她今天發生了什麼事情。

「妍雅，妳的表情看起來不太好，今天在學校發生了什麼事嗎？」

「嗯，也還好……。」

「怎麼了嗎？媽媽第一次看妳用這個表情吃餅乾，媽媽很好奇，也覺得很擔心。」

「今天啊……。」

妍雅的個性開朗，在學校有很多朋友，今天她一如往常嘻嘻哈哈地度過休息時間。上課鐘聲響起後老師走進教室，這時候她想起了昨天老師出的作業。好在妍雅有記得做作業，而就在這個時候，她環視了一下周遭，發現宋熙同學也許忘了做作業，表情看上去有些慌張。

「宋熙，妳沒做作業嗎？」

妍雅說她的音量只有宋熙會聽到，但也許是太大聲了，讓老師也聽見。因為這個緣故，原本老師沒有要檢查作業，臨時決定要檢查。

「差點忘記我昨天有出作業，如果老師忘記，你們要提醒老師呀！沒做作業的人起立，老師等一下會一個一個檢查。」

老師笑笑地說，也沒有對沒做作業的同學特別生氣，但宋熙覺得十分難過，因為妍雅的話讓她受指責。宋熙用老師聽不到的聲音說道：「妍雅，都是因為妳說溜嘴，我才被老師罵」，表達她難過的心情。

「我不是故意要害妳被罵……。」妍雅覺得很抱歉，不知該如何是好。

「媽媽，我不是故意的，我只是問她是不是沒有寫，我不知道老師會聽到。老師本來沒有要檢查，宋熙因為我才被罵。宋熙一整天都不理我，也不跟我說話了。」

「原來有這樣的事情呀，宋熙應該很難過。所以你要小心點啊，你的一句話……。」

媽媽還沒說完，妍雅就嚎啕大哭起來，跑進房間裡。

必須先安撫孩子的心

「你平常聲音就很大了啊」、「即使你沒有惡意，但讓朋友很為難」、「應該小心點呀」，這樣的話對孩子來說，一點幫助也沒有。孩子要和父母說明自己的問題時必須提起勇氣，即使媽媽沒有一一指責，孩子也都明白自己犯的錯。遇到這樣的狀況，媽媽必須感同身受孩子的感受，思考同學之前，先想想自己的孩子是怎麼樣的心情。

「唉呀，宋熙應該很為難。」（×）

「原來有這樣的事情呀，難怪我們妍雅覺得難過啊！」（○）

此時並非要稱讚孩子，而是先安撫孩子的心情，再慢慢進到下一個階段。

如果媽媽很難感同身受孩子的心情，請和孩子說：「這樣啊」，並進一步了解狀況，教導孩子該如何說話。

媽媽：檢查作業之後怎麼了呢？

孩子：有五個同學沒做作業，他們被老師罵，所以討厭我。

媽媽：有五個人？原來呀！妳也不是故意的……。（媽媽感同身受）

孩子：對啊，我根本沒想到會這樣。媽媽，我該怎麼面對宋熙呢？

媽媽：你覺得呢？

孩子：我想跟她道歉，但宋熙都不看我。如果她不接受我的道歉怎麼辦。（孩子滿臉的擔憂）

父母可以這樣做

一起和孩子聊聊擔憂的事情、分享媽媽的想法、孩子的想法，並思考如何不反覆相同的失誤，以及該如何道歉。

首先，請先和孩子強調一對一進行對話時，音量大小要控制在只有對方能聽得見。小學低年級的孩子要控制音量並不容易，在台上音量往往會變小，而兩個人的時候卻不自覺放大音量。不如用這個機會教孩子控制音量。

控制音量

「在人多的地方和另外一個人講話時，音量要控制不要讓其他人聽到。」

「有時候即使不是在講祕密，也應該要控制音量。」

「如果不會控制音量，有時候會不小心為別人帶來困擾。」

了解孩子的煩惱和思考解決方法，才能給予適當的建議。如果孩子表示不懂如何和生氣的朋友搭話，可以和孩子一起討論慢慢親近朋友和道歉的方法。

思考如何道歉的說話技巧

「怎麼和朋友道歉好呢？」

「同樣都是道歉，怎麼說卻大不相同。」

「你還記得，媽媽上次不小心把你的兔子娃娃耳朵洗壞的時候，媽媽怎麼道歉的嗎？媽媽說：『媽媽幫你洗你最珍貴的娃娃時，娃娃有點洗壞了。因為是你最愛的娃娃，所以想要洗乾淨一點，結果不小心把耳朵弄壞，對不起』，媽媽是這麼說的，還記得嗎？」

「如果不好意思當面道歉，可以寫信或是傳訊息，也是不錯的方式。」

「想想看如果妳是宋熙，會希望得到怎樣的道歉呢？」，可以運用「如果是你的話～」的方式思考道歉的方法。鼓起勇氣道歉是有難度的，但即便對方不接受道歉，你也應該道歉。

如果孩子擔心對方不接受道歉，可以告知孩子不必擔心，接受不接受是對方的選擇，道歉是自己必須做的事情。認同失誤並道歉，就是盡了全力。

接下來請和孩子一起練習道歉，幫助孩子練習表達「事情非出自自己本意，導致這樣的結果很抱歉」，避免產生誤會。如果能夠提起勇氣承認自己的錯誤，並真心道歉，對方必能感受到自己的心意。父母可以和孩子一起進行角色扮演練習。

真心表達道歉

第一階段：事件

「宋熙，關於妳被發現沒做作業這件事，我想跟妳道歉。」

第二階段：說明

「我不是要故意害妳被老師罵，我只是想問問看妳，可能音量太大而被老師聽見。」

第三階段：道歉

「宋熙，真的很抱歉。」

Column

與孩子的表達力練習

第一階段：簡短說明道歉內容

如果只說自己不是故意的，聽起來會有點像在辯解，因此要簡單、明確說明做錯了「什麼」而要道歉。

「〇〇，對不起害你被老師罵。」

第二階段：說明並非自己的想法

如果只有簡短道歉、沒有說明理由，很難傳遞心意，記得一定要誠心說明。

「雖然聽起來很像只是在辯解，但我真的不是有意的，關於那件事……。」

第三階段：再次說明誰（我）對什麼事（犯錯內容）感到抱歉

最後以「不管怎樣，真的很抱歉」的方式道歉，要重新整理一遍前面的內容，再次表達愧疚的心意。

「○○，因為我的失誤造成你的困擾，真的很對不起。」依據情況不同，也可以加上「下次我會小心」、「往後我不會再犯了」等話語，真心進行檢討。

05／避免被同學霸凌的聰明對話方法

聽到「霸凌」，大部分的父母都會感到十分沉重。只要人一多，彼此的喜好、想法、意見就會產生歧異，隨著分邊、對立狀況發生，必然會有人感到孤立。

在群體中被排擠或欺負的人，就是所謂的被霸凌。霸凌一般出現在群體或同學間，有時候在朋友間彼此意見不合，也會有被忽略或輕微霸凌的現象，又可以稱之為「微霸凌」。因為朋友所說的話，自己感到傷心、誤會，而主動遠離朋友的狀況，又稱為「自霸」。會自霸的孩子，通常會怪罪他人。

你們家的孩子是否有「自己被霸凌」的感覺呢？譬如會臆測朋友所說的話讓自己受

傷，會不自覺遠離朋友，將自己孤立起來。這樣的孩子，會喪失在學生時期和朋友玩耍、解決衝突的大好時機。父母不能讓孩子自我侷限於被霸凌的情境中，也不能讓孩子孤立自己。朋友所說所為，完全取決於孩子的應對方式。父母也應該仔細思考，孩子是否對朋友所說的話過度敏感。

雖然也有少數情況是因為外表或穿搭而被霸凌，但大部分的情況是因為說話語氣和行為被霸凌。要讓孩子在朋友間不被霸凌、不孤立朋友，最好的辦法，就是父母和孩子一起學習說話表達。至於要學習什麼說話法呢？我們一起來看看善英的故事。

這一天善英用了很特別的髮圈，那是媽媽帶她去買的大蝴蝶結髮圈，她非常地喜歡，高興到晚上都睡不著覺。隔天早上，她將頭髮綁得漂漂亮亮，而且特地讓髮圈露出來。上學的路上，她遇到了敏智。

「善英，妳怎麼有那個髮圈？是妳媽媽的嗎？」敏智的提問讓善英很慌張，不過她想起了媽媽曾經說過的話。

「如果有人說妳的外表或打扮奇怪，不要立刻回話，先冷靜下來。先回答『嗯』，可以爭取一秒的思考時間，朋友也可能接著說下個話題，這麼一來就不會失誤了。」

雖然她想起了媽媽的叮嚀，但還是十分慌張。髮圈不是媽媽的，是她自己挑的，而且她也很喜歡。她覺得很難過，差點就要流眼淚了。她思考了一下後，這麼對敏智說。

「怎麼了嗎？髮圈不是媽媽的，是我自己的。」

「啊，不是媽媽的呀？」

敏智簡短回應後就離開了。雖然無從得知敏智為什麼這麼問，也許是想捉弄善英一下，也或許是出於好奇。「髮圈是我自己挑的，敏智問是不是媽媽的，是在嘲笑我嗎？這個髮圈很像媽媽的嗎？」不過這只是善英的猜測而已。敏智只是發現那個髮圈，覺得羨慕罷了。

“父母可以這樣做”

因為善英媽媽平時有教導，她才沒有過度慌張或急著回應。如果善英聽了後哽咽地說：「你亂說！這才不是我媽的！」會變成怎樣呢？或許就如敏智所想吧！其實敏智是覺得善英很漂亮，心裡覺得忌妒，才會挖苦善英的飾品或髮型。

遇到孩子被霸凌的狀況，雖然霸凌人的同學是個大問題，但也必須思考被霸凌的孩子的說話語氣和行為是否過度敏感，又或者他們是否在生氣、在哭、在尖叫，抑或是否愛和老師打小報告。對小孩子來說，那樣的同學就是他們欺負的對象，因為欺負他們會有反應（對孩子來說是樂趣）。然而，如果孩子的反應從容一些、慢一些的話，一切就不一樣了。

反應1：「喂！別鬧！我要跟媽媽說！」（×）

反應2：「原來是這樣啊！」（○）

孩子必須要有勇氣說出：「好了」、「你們覺得有趣，我覺得不好玩」。只要能這麼做，孩子在同齡朋友間就不會被欺負。試著一起想想，如果你們家的孩子遇到被霸凌的狀況，該怎麼辦呢？被霸凌的孩子之中，有些是「自己覺得」被霸凌。有的孩子則是聽了對方無心的話後，自己覺得很受傷。

因為善英媽媽平常跟她說了很多，所以她能有智慧地應對。小學生會開始有自己的喜好，也會三三兩兩組成小團體，並自然排擠自己團體以外的同學。

回想過去學生時代，這並不是什麼特別的事，但對孩子來說，卻可能因此不想去上學，甚至對讀書喪失興趣，我們當爸媽的可能也有過類似的經驗。

善英的媽媽小時候也很細膩、很敏感，只要有人說自己什麼，都會記在心裡很久，因此善英媽媽跟善英分享了很多應對方式和說話方法。

練習不慌張、冷靜處理

「如果朋友說你的外表壞話，你會覺得怎麼樣？」
「慌張的時候你會有什麼反應？」
「如果你覺得慌張，朋友會怎麼想？」
「朋友是故意想要看你慌張的樣子，你愈慌張，朋友愈覺得有趣。」

如果敏智是為了讓善英慌張才那麼問，而善英也真的覺得慌張，那麼敏智豈不是內心暗爽，更想繼續捉弄她。

不如像善英媽媽一樣，平時就和孩子多討論點關於「霸凌」的議題吧！有些孩子會單純因為好玩就去鬧朋友。雖然首要之務是讓校園零霸凌，但為了避免自己的孩子成為被排擠的對象，也為了讓孩子被開玩笑時能夠沉著應對，務必要先和媽媽進行說話練習。

當孩子被霸凌時，父母能做的並不是尾隨孩子去揪出加害者。父母必須做的，是讓孩子能在被霸凌的狀況中保護自己。說話與應對是需要練習的，遇到緊急的狀況時，要泰然應對並不容易。透過和父母反覆進行練習，絕對能帶來顯著的效果。

Column

與孩子的表達力練習

❶ 被朋友捉弄時，不要立刻反應，先注視朋友

・即使慌張也要冷靜。

・不要瞪著對方或生氣，要挺胸面對。

即使對方說：「你看看他，他快哭了」，也別說：「我哪有？我沒哭！」（×）

「（在心中默念三次）冷靜、冷靜、冷靜。」（○）

❷ 朋友自己說出口之前不要隨便猜測

・「我髮圈又怎麼了？這才不是媽媽的。」（×）

・（全部聽完後）問對方：「你怎麼會這麼想？」（○）

❸ 思考對方所說的話再決定回答

「喔！是喔！」

「原來如此，我想想看。」

06／高敏感、內向的孩子可以這樣交朋友

如果這麼問：「你希望自己的孩子外向還內向？」應該沒有父母會回答「內向」，因為大家認為外向的孩子行為大方，且不會被欺負。外向的孩子容易受歡迎，而內向的孩子總是得不到特別的關注。

「你看起來小心翼翼。」

「你講話不是沒什麼自信，應該是沒什麼主見。」

「你看起來判斷能力不足。」

實際上，即使做某些事情的時間比較長，也絕對不是沒有主見或判斷能力不足，反而可能是謹慎或顧慮周全。因為不想要失誤，所以準備萬全，抑或不希望自己的所言所行傷

到他人，而反覆思考。這類細心、思考周全的孩子更需要被鼓勵。

尤其面對不容易交朋友、不容易融入群體的孩子，和他們說：「去交朋友吧」、「和大家一起玩呀」之前，務必要先去了解他們擔心的問題，以及哪一個部分最感困難。只要這麼做，孩子就能自己找出他們心中所想。

內向的詩夏今天覺得很不開心。同學們不時嘻嘻哈哈地玩樂，她也想加入，但不知從何介入。

「要是朋友們主動邀我一起玩就好了……。」詩夏不斷向朋友們發出「邀約自己」的心電感應，當然，朋友們不可能得知。

其實只要開口詢問：「我可以一起玩嗎？」或是「你們在聊什麼呀？好像很有趣喔！」就能自然加入，但詩夏的心中有無限的煩惱。

「如果我說要一起玩，被拒絕了要怎麼辦？」

「如果問大家在聊什麼，大家的回應很冷淡，我應該會哭吧……。」

「大家玩得很開心，我過去會不會妨礙大家？」、「如果對方問我為什麼要問，我該回答什麼？」詩夏左思右想，猶豫了一會兒，最後決定回家。

孩子容易猶豫不決，可能出自於他們明白自己會因為一句微不足道的話而受傷，因此，下意識小心翼翼。如果對這樣的孩子說：「你應該主動跟大家說話啊，用等的怎麼能交朋友？」一點幫助也沒有。那麼，該如何讓內向的孩子去交朋友呢？

“父母可以這樣做”

想要融入朋友，可以先開口問：「我們一起玩吧」，但內向的孩子因為害怕對方的反應而開不了口，最後可能選擇直接回家，並對媽媽說：「媽媽，大家排擠我不跟我玩」。如果孩子詢問：「媽媽，朋友們在說話的時候，我可以插話嗎？」該如何回答呢？應該會很擔憂吧！

「怎麼能這麼內向！」

「你在學校沒有朋友嗎？」

「都幾歲了，還沒有辦法加入朋友的聊天嗎？」

媽媽出於內心的各種擔憂，可能會說出讓孩子傷心的話。

「你之前和朋友怎麼說話的呢？沒辦法加入嗎？我就說要改掉你的個性吧，唉！」

孩子已經難過不已，連要和父母溝通都遇上困難，會讓他們覺得沒有任何人了解自己。接下來，就讓我們一起學習和孩子溝通吧！

媽媽：大家玩得很開心，只有你被排擠嗎？

孩子：對啊。

媽媽：這種情況該怎麼辦呢？你想怎麼做呢？

孩子：我想過去問大家在聊什麼，但沒辦法。

媽媽：沒辦法？說不出口嗎？如果你過去問的話，朋友會有什麼反應呢？

孩子：不知道，應該不會討厭吧？

藉由和孩子對話來了解孩子的想法，是不錯的方式。孩子可能不知道該怎麼做，而感到十分猶豫。

其實這樣的狀況，在大人之間也層出不窮。有時候加入一個團體後，會發現明明沒什麼大不了，但站在旁觀者的立場，卻總覺得好像很有趣。有的人的個性很容易加入團體，也有的人比較習慣遠觀。

孩子也是如此，每個孩子希望的模式都不盡相同。父母不應該對孩子說：「你應該這麼做，才能融入大家」，透過和孩子對話，才能真正了解孩子的想法，也只有這樣做，能讓孩子敞開心胸面對，掌握自己真正想要的方式。

「媽媽，我仔細想想，朋友是朋友，我是我。」

「下次想玩就跟大家說，不然我自己看書也很好。」

「媽媽，朋友多很好，不過我也有很要好的幾個朋友。」

父母和孩子的對話，重要的並不是父母的回答，而是幫助孩子找到自己想要的答案。孩子可能還不太會表達自己的想法，也可能還不太會自己思考，只要透過對話幫孩子將想法具體化，就能提供十足的幫助。

〈小秘訣〉孩子想要融入朋友時

1. 請先傾聽孩子希望的是什麼
2. 適當提問幫助孩子說出想法

「那時候你想怎麼做？」

「怎麼做比較好呢？」

其實並非一定要和朋友一起玩，有的孩子看別人玩或自己玩，會覺得更自在。

不妨詢問孩子：「要不要和媽媽一起練習怎麼和朋友搭話？」接著再依孩子的想法，練習具體的對話。

如果孩子希望和朋友一起玩

「上前詢問朋友：『你們在聊什麼？好像很有趣，我可以加入嗎？』怎麼樣？」

雖然羨慕和朋友們一起玩，但覺得不加入也沒關係

或者和媽媽聊聊就好了

「和媽媽聊完好多了。」

「不一定要和朋友一起玩，自己玩一點也不奇怪，你怎麼想才是最重要的。」

Column

與孩子的表達力練習

❶ 協助孩子檢視自己的內心

詢問自己

「我想和朋友玩嗎？還是看朋友在玩覺得很羨慕？」

「雖然羨慕他們大家一起玩，但要加入覺得有點壓力。自己看書或畫畫也不錯。」

❷ 向媽媽尋求幫助

「媽媽，他們一起玩的樣子看起來很棒。」

↓「但他們沒邀我，我覺得有點難過。」

↓「媽媽，我該怎麼開口好呢？」

❸ 想和朋友一起玩時

練習上前說話

「大家好，我可以一起玩嗎？」

「你們在聊什麼這麼開心？我也要加入。」

如果被大家注視有壓力，就向其中最要好的朋友搭話

「我也想和你們一起玩。」

❹沒有勇氣靠近朋友群時

下定決心想：「以後一定要一起玩」，接著去做想做的事。

❺被朋友拒絕時

心裡想著：「也許他們有什麼共通點」、「還有其他和我和得來的朋友，別擔心」，轉移自己的注意力。

07／成為對方值得信任的朋友

藝琳最近有個煩惱。她的同班同學度妍很會說笑話，也很會跟大家聊天，所以有很多朋友。但問題來了，度妍在學校話匣子一開，說了不該說的話。

不久之前，小天對度妍說：「我最近不太喜歡英智」，結果大家聚在一起的時候，度妍不小心說出口：「小天討厭英智」，英智聽了皺眉頭，追問是什麼意思。小天後來得知這件事，深感被度妍背叛，也壞了他和英智的交情。

「媽媽，後來大家都不敢接近度妍，我和度妍、小天、英智都同班，不知道該怎麼辦才好。」

「藝琳妳應該很為難吧，還有失誤的度妍、心裡想法被公開的小天、得知小天想法的英智，大家應該都很難過。」

「對啊，所以我很煩惱。度妍看起來很可憐，但她把祕密說出來，感覺也很壞。」

「確實可能有這樣的感覺，比起兩個人的場合，三個人以上的時候，更容易發生這樣的事情。所以啊，即便是對要好的朋友，最好也不要說出自己的祕密。不要聽別人的祕密比較好，而且最重要的是不要說不在場的人的事情。媽媽讀書的時候也有遇到這樣的事情，妳要不要聽聽看？」

媽媽（美蓮）年輕的時候，有朱熙和善珠兩位朋友。美蓮向善珠說不久前到朱熙家玩的事情。

「我昨天去朱熙家，她們家有很多新娃娃，而且房間也比以前更漂亮，好羨慕她。」

「妳昨天去了朱熙家？」

「嗯，突然過去玩，很好玩。」

善珠覺得很難過，昨天本來約了朱熙，朱熙說她有事情要忙，跟她約了下次。她不禁心想：「她說謊裝忙嗎？」、「她想和美蓮兩個人單獨一起玩嗎？」、「她不喜歡我，比較喜歡美蓮嗎？」、「美蓮幹嘛跟我說這個，真討厭」。

結果後來才知道，朱熙那天本來要去親戚家，但父母突然有事取消，路上偶然遇到美蓮，所以一起去了她們家。善珠聽了美蓮的話，自己誤會了。美蓮的一句話，讓她們彼此嚴重誤會，後來幾天善珠都不跟朱熙講話。大約一周後，她們才知道一切是誤會，但彼此也更陌生了些。

聽了媽媽的故事後，藝琳想了一下。「對了，不久前發生了這樣的事情。其他班的同學跟朋友說：『聽說你爸媽很會吵架？』，結果後來才知道，是去朋友家玩的同學跟其他同學說的，他們兩個現在都不講話了。」

“父母可以這樣做”

當孩子有三個以上的朋友時，要特別小心說話。通常不會好幾個人一起行動，經常是三三兩兩一起，也因此很容易談到不在場的朋友。請告訴孩子，不管是好事還壞事，都不該講不在場的人的事情。即便是稱讚別人，當事者也可能不開心。

俗話說「三人成虎」，三個人一起說同一件事，就能形成傳聞，即使是假的也能變成如真包換。只要造謠幾句話，就有人可能因此而受害。

在場的人也許聊得很開心，但有的人可能如待宰羔羊般煎熬。只要是不在場的人得知自己被談論，就可能心情不好。請告訴孩子各種可能的狀況，並具體說明。

不討論不在場的朋友

「即使是稱讚也要留意，如果告知對方：『你不在的時候我稱讚你了』，有的人可能會開心回應：『是喔？聽說真正的稱讚就是在背後說的』；但也有的人可能會不太開心說道：『希望你不要在背後說我的任何事。』」

「每個人的個性都不同，能接受的程度也各自相異，所以最好不要跟別人說不在場的人的事情。」

「說不在場的人的事情，可能變成『閒話』。在背後被說話的感覺很不好，『閒話』本身也是負面的意思，在背後閒談，本身就是一種流言蜚語。」

如何成為值得信任的朋友

1. 絕對不說別人閒話
2. 不談論不在場的人
3. 和某人在一起時，專注於對方

Column

與孩子的表達力練習

❶ 不要說不在場的人的閒話

「你知道他嗎～」（×）

「你有聽說他的事嗎？」（×）

❷ 朋友說其他朋友的事情時，轉移話題或表現出不感興趣

即使只是聆聽，也可能被誤會。

❸ 不聽只對自己說的祕密

也許不是只對你說，即使你守口如瓶，以後也難保不被誤會。

如果對方說：「我只跟你說」，打算說出祕密時

「我聽別人的祕密會有壓力。」

❹ 不告知他人兩個人之間的事情

即使是好事、不會有什麼問題的事，在人多的場合還是要多加留意。

「我們昨天吃的冰淇淋很好吃吧？」（×）

❺不論好事壞事，都別隨意給出他人的資訊

「朋友的零用錢有兩千塊，他只跟我說這件事，也許他不想讓其他朋友知道。因為我不清楚他怎麼想，所以不應該到處跟別人說。」（○）

「那是他爸爸出國買的包包，他爸爸常出國。」（×）

「聽說他的零用錢有兩千塊。」（×）

※可能會遇到這樣的狀況

「聽說你的零用錢很多？我聽○○說的，你買零食請我吧！」

「你零用錢有兩千耶，捨不得嗎？真小氣。」

有很多零用錢的朋友可能會很為難。

08／被朋友拒絕時的應對方法

「我也要一起！」

「不行，人數已經滿了。」

好不容易鼓起勇氣的佑民聽到這樣的回應，連耳根子都紅起來了。被拒絕已經讓他覺得很丟臉，而且又被發現臉紅，他簡直想找個地洞鑽下去。他也想要若無其事地說：「是喔」但卻說不出口，難過到差點要流眼淚。

「笨蛋笨蛋……。」他怪罪著自己，走著走著，踉蹌一下，差點跌倒。

「佑民，下次一起去吧，我再傳訊息跟你說。」

朋友正潤跟他打了招呼，但他沒有聽見。

「好像很有趣，我也要加入。」個性好的聖貞也提出要求。

「你不行。」

「為什麼不行！我也要！」

「你不太會玩呀，你加入我們隊會輸。」

「是喔？好吧，我知道了，你們好好玩吧。」聖貞覺得有點可惜，但還是若無其事地就這麼回家了。

同樣是被拒絕，有的孩子像聖貞一樣覺得沒什麼大不了，但也有的孩子會像佑民一樣，覺得丟臉到想哭。他們會感受到不開心的負面情緒，而且久久揮之不去。每個人接納拒絕的方法都不盡相同。

【佑民家】

佑民一回到家，說了一句：「我不要去補習班。」便往房間去了，媽媽見狀跟著他進到房間。

「怎麼了？為什麼不去補習班？」

「我不想去，我覺得好煩，媽媽不要進來。」

後來，媽媽好不容易才問出個所以然，這個狀況，該怎麼跟孩子說呢？

「原來是因為人數滿了啊，還好還好。」

「什麼還好！媽媽都不懂！」

媽媽原本以為他被排擠，聽完明白並不是她想像的那樣，所以說「還好」。但在佑民的立場，他好不容易跟媽媽分享這件事，結果卻沒有得到任何安慰。

【聖貞家】

聖貞的媽媽，會如何應對聖貞遇到的這件事情呢？

「聖貞，你不是說要跟朋友玩，怎麼這麼早就回來了？」

「朋友說我不太會玩，所以不讓我加入。」

聖貞沒頭沒尾地這麼說。雖然剛剛在朋友面前表現得很酷，但回到家想起來，還是覺得有點難過。

「不讓你加入？大家好奇怪！」

媽媽沒有詢問事情的來龍去脈，和聖貞如出一轍。後來聖貞沒有寫作業，只顧著玩，媽媽說他：「你就是這樣，朋友們才會討厭你」。

父母可以這樣做

聽到孩子邀朋友一起玩被拒絕，會讓父母心裡一陣沉重。父母都希望孩子受大家歡迎，也希望孩子提出邀約時，朋友能樂意答應。但，人生會這麼順利嗎？

孩子成長的過程會被拒絕，也會受傷。父母要學著了解孩子為什麼被拒絕、不想被拒絕該怎麼做、什麼時候應該出手幫忙，什麼時候應該讓孩子自己處理。

有句話說「知所進退」，大概就是這個意思，有時候該前進出手，有時候該退場觀望。如果孩子非常善於察言觀色，自然就能理解，但很多孩子會遇到預料之外的拒絕，這都是成長過程的一部分。大部分的孩子還沒有過多的生活經驗，心裡受傷後會持續一段時間，因此父母應該幫助孩子轉換情緒。

面對被拒絕的孩子

「有的朋友合得來，也有的朋友合不來。」
「大家喜歡的都不一樣，有可能沒辦法玩得來。」
「雖然想要一起玩，但人數已經滿了，的確是沒有辦法。」
「就算被朋友拒絕，你還是很重要的人。」
「要不要跟媽媽一起玩？」

如果孩子頻繁被拒絕，該怎麼幫助孩子呢？如果孩子不會看氣氛或沒有存在感，其他朋友就不會主動邀他。假若孩子沒什麼慾望玩，其實不必特別擔心，只要掌握受歡迎的孩子擁有的特徵，就能藉此來幫助孩子。

一般來說，受歡迎的孩子通常很會社交，也很樂於參與活動，他們會說自己的事，也對他人感同身受，他們會幫助大家，也會遵守規則，簡單來說，就是具有影響力。這樣的孩子很容易被朋友圍繞，在同學之間既帥氣又具有十足的存在感。

你們家的孩子是怎麼樣的呢？其實不善於社交、不熱絡參與活動也沒有關係。只要讓孩子能認同自己的珍貴、能控制行為和想法、會遵守規則、跟上課業，這樣就足夠了。當孩子有自己擅長的事情時，朋友們就會尊敬他，也會樂於和他往來。

父母要做的事情，就是幫助孩子建立強大的內心，例如：「本來就可能被拒絕」、「不用覺得難過」、「我覺得你這樣也很好」、「試著努力看看（學業、運動、興趣）吧？」。

當然最重要的，是在孩子被拒絕以後，必須先充分安撫孩子，再跟孩子進行對話。

Column

與孩子的表達力練習

1. 孩子被拒絕時的回應

「你們自己玩，不讓我加入嗎？」（×）

「啊，人數滿了呀！」（○）

「好吧，你們好好玩，下次見。」（○）

2. 不要情緒化，要冷靜應對

「真小氣，我明明也會。」（×）

❶ 認同：「我的實力還不夠加入比賽呀！」

❷ 更好的想法：「我先自己來練練踢球吧！」

「好，那下次一起玩，你們好好玩。」（○）

❸ 整理想法：「朋友們不是討厭我或排擠我。」

3. 思考「可能會被拒絕」

「你喜歡的跟我不同呀！」

「你的想法跟我不同呀！」

「我很想跟你一起玩（我的想法），但你不想跟我玩啊（你的想法）！」

整理想法：「我應該要和想法相同的朋友一起玩。」

【第三章】
備受老師和大人喜愛的表達技巧

01／善於表達感謝和愛的孩子

「看起來好好吃！這是我喜歡的菜耶！」

看著桌上的佳餚，二女兒這麼說。以前，孩子覺得好吃的時候，都不會表達「好吃」、「謝謝」，媽媽也只是覺得孩子不擅長表達。也許是天生個性使然，她從小就不擅長表達謝謝與愛，遇到喜歡的事物，也僅只以微笑表達。她不太會具體說明自己為什麼喜歡，有時候會讓人覺得很悶。不過，今天二女兒主動說自己喜歡的料理。

另一方面，大女兒跟媽媽說：「媽媽，實在太好吃了，媽媽是煮菜專家！」、「謝謝媽媽」、「好吃到要飛起來了」，表達十分多元豐富，誇張到讓人不禁想問：「真的嗎？」。相較之下，二女兒的話更具真實性。兩個孩子各有優缺點，雖然二女兒的表達比較含蓄，但不至於讓人不開心。不過孩子上國小後，媽媽的想法開始改變了。

孩子在學校能和各種個性的朋友交流，像是表情開朗的朋友、比較內向的朋友、說話有條理的朋友、很會表達的朋友、很會回應的朋友、很會稱讚別人的朋友或是成熟的朋友等，有各式各樣的人。即使這個世代尊重多元性，但媽媽心裡非常清楚，善於回應與表達的孩子比較受歡迎，也比較能融入社會。

媽媽看著孩子吃著自己喜歡的菜色，卻沒有特別表達什麼，讓媽媽陷入了思考。因為這個緣故，媽媽打算週末的時候帶孩子去奶奶家，奶奶總是會準備很多孩子喜歡的點心。

奶奶：奶奶準備了好多點心給我們的小公主。

大女兒：（抱著奶奶）哇哇哇～奶奶最棒了！一定很好吃，謝謝奶奶！

二女兒：有什麼呢？

如果是平常的話，對話可能就這麼延續下去，但這一天媽媽特別留意。孩子應該先說「謝謝」，但孩子卻先問種類。

媽媽：應該跟奶奶說謝謝呀！
二女兒：謝謝。
奶奶：哎呀，謝謝我們小公主！別跟孩子計較了。
媽媽：媽，應該讓孩子改掉習慣。
奶奶：我們公主快過來這邊，還有一個禮物。爺爺要給你們零用錢。
二女兒：爺爺給我們零用錢嗎？
奶奶：是啊，先放媽媽那，需要用的時候去跟媽媽拿。
媽媽：媽，不用給孩子零用錢的……，準備點心就很費心了。孩子們拿到零用錢要說謝謝啊，在做什麼啊！

每個孩子的特質都不同

有的孩子活潑、善於表達，也有的孩子心裡有很多想法，但不擅於表達。然而，得到幫助時懂得感謝、做錯時懂得道歉的孩子，必然會受老師和大人喜愛，也會讓人想要繼續幫助他，或是美言幾句。很多人都說，希望能教出這樣「懂事」的孩子。而不擅於表達的孩子，會遇到什麼樣的狀況呢？

「奶奶準備點心給你，應該要說謝謝呀！」

「我說了。」

「什麼時候？」

「我問了有什麼？」

孩子將「詢問有什麼」當作感謝的表達。雖然一部分是天生的個性使然，但這孩子確實十分需要學習表達。

雖然想要這麼跟孩子說：「那哪是表達感謝啊？應該要說謝謝啊！」但突然強調「表達感謝」，可能反而讓孩子反感。應該先認同孩子，給予孩子表達的機會，讓他們自我察覺。透過練習，絕對能改善。

父母教導孩子時，應該以身作則。一起回頭看看在奶奶家的對話吧！仔細回顧，一定能找出問題點和改善方法。

“父母可以這樣做”

上述的故事提到，奶奶為孫女準備餅乾，而且給了零用錢。孩子沒有好好表達感謝，被媽媽指責一番。你有注意到媽媽怎麼表達的嗎？

「不用給孩子零用錢的……。準備點心就很費心了。孩子們拿到零用錢要說謝謝啊，在做什麼啊！」媽媽同樣沒有對辛苦準備點心的奶奶道謝，只有說「不用給」、「費心了」，而且對孩子說：「拿到零用錢要說謝謝啊」，把道謝的話推給孩子。其實出乎意外地，很多父母都有這樣的習慣，因為自己不好意思或難為情，便將表達感謝的話語權推給孩子。

身為育兒專家，過去我在和阿公阿嬤演講的時候，他們也會跟我抱怨「我這麼辛苦照顧孫子，從來沒聽到孩子一句感謝的話。『辛苦了』、『麻煩了』後面應該要加『謝謝』啊！對大人來說，『辛苦了』、『麻煩了』哪有什麼意義？這才不算是感謝。雖然是出於愛幫忙照顧，但有時候真的覺得很鬱悶。」

聽起來，一句「辛苦了」就像是用來評價女兒和媳婦的基準。這和發自內心的感謝話語絕對有所不同。

後來我在對爸爸媽媽演講時，詢問大家將孩子交給父母或婆家時，會如何表達感謝。習慣表達感謝的人會說：「媽媽，謝謝妳，妳最棒了」、「媽媽，謝謝妳，我愛妳」，但不習慣表達的人，即使心裡覺得感謝，也不太會說出口。雖然一開始難免會有些生疏，但多練習幾次，就能自然脫口而出，這就是表達力的重要。

我尊敬的《早晨信件》理事長，他在每天早晨的電子郵件後方，總是以「我愛你，謝謝你」結尾。多虧了這「私心感」十足的結尾，讓我在閱讀的時候，也會跟著說出口「我愛你，謝謝你！」每天早晨閱讀美言佳句、感人文章，讓人不自覺開口表達感謝與愛。

父母必須在家中朗朗上口感謝與愛，孩子才會說出口。如果希望教出善於表示感謝與愛的孩子，現在開始請多開口說：「謝謝你」、「我愛你」。

表達感謝和愛

「爸爸媽媽，我吃飽了，謝謝！」
「爸爸媽媽，晚安！我愛你們！」
「爺爺奶奶，我好喜歡，我愛你們！」

Column

與孩子的表達力練習

1. 父母平時要以身作則

對於打招呼太過小聲，或害羞不敢打招呼的孩子，不要勉強他們，父母請以身作則，展現給孩子看。請試著完整表達感謝與愛，前後加上稱呼（爸爸、媽媽、老師等）會更好。

❶ 對媽媽、婆婆

「媽媽，照顧孩子很辛苦吧？謝謝你幫我，媽媽。」

「婆婆，照顧孫子辛苦了，謝謝妳，婆婆。」

❷ 和家人用餐後

「今天真的很好吃！（百分之五十的感謝）」

「老婆，真的很好吃，謝謝妳。（我來洗碗）老婆。（百分百的感謝）」

❸ 孩子幫忙跑腿時

「買來了嗎？好棒！（百分之五十的感謝）」

「水買來了嗎？謝謝妳，女兒。（百分百的感謝）」

❹表達對另一半和孩子的愛與感謝

「老公，工作很辛苦吧？謝謝你，我最愛你。」

「謝謝你告訴爸爸，爸爸愛你。」

2. 請告訴孩子如何表達感謝與愛

❶在餐桌時，孩子的應對表達

用餐前：「媽媽、爸爸，我會好好吃飯。」

「媽媽、爸爸，請慢用。」

用餐後：「媽媽，我吃飽了，謝謝你們。」（主動把空碗盤放到洗手台內）

到朋友家被招待吃飯時

「菜真的很好吃！我吃飽了！」

→父母（大人）沒有義務要幫忙準備，千萬別忘了表達感謝。

❷和祖父母表示感謝

「奶奶，謝謝妳做我喜歡吃的餅乾，真的很好吃。」

「爺爺，謝謝給我零用錢。」

❸父母讀書給孩子聽時

「爸爸，謝謝你讀書給我聽。爸爸讀書真的很有趣。」

❹在學校對老師時

「老師，謝謝老師今天教我們，我愛老師。」

「老師，今天學到了很多，謝謝您。」

❺養成說「對不起、謝謝、愛」

「老師，對不起！我……。」

「媽媽、爸爸，謝謝！」「媽媽、爸爸，我愛你們。」

02／希望徵得同意時的對話技巧

「老師發的講義都拿到了吧？寫錯要換紙張的同學，可以過來跟老師說。」

不久後，兩位同學來到了講桌前。

學生A：「（手拿著紙張）老師，我可以拿嗎？」說話的同時，他就把紙張拿走了。

學生B：「（看著老師）老師，我寫錯了，我可以再拿一張紙嗎？」

老師：「（拿給同學）可以，拿去吧。」

學生B：「（接下老師給的紙張）謝謝！」

同樣的狀況，兩個孩子的態度截然不同。即使兩個同學看似都有得到老師的同意，但感受卻有顯著的差異。站在老師的立場，會比較喜歡哪個學生呢？每個老師的教育觀不同，對一些老師而言，學生A可能是沒有禮貌的孩子。

「〇〇，要先得到老師的同意才能拿呀！」

「老師，我有先問才拿的。」

「要等老師同意，才能拿走呀！」

老師剛剛說：「要換紙張的同學，可以過來跟老師說」，如果老師說：「要換紙張的同學，自己到前面的講桌拿」，學生A就沒有錯。不過現在的狀況，必須要得到同意才能拿，詢問：「可以拿嗎？」、「可以拿吧？」、「我想要拿」的同時就把東西拿走，算是已徵求同意嗎？

這個部分大人也很容易失誤，因此從小就要培養孩子徵求同意的語言習慣。仔細觀察周遭，會發現類似的狀況層出不窮。

如果孩子看到同學有新手機，對同學說：「這個真棒！」就拿走同學的手機，同學會怎麼想？也許他會有這個想法。「為什麼沒有經過別人的同意，就把東西拿走？」

「要是弄壞了怎麼辦！」

拿走東西的同學說了：「這個真棒」，也許他認為這句話表示取得同意「摸摸看」。對方說：「為什麼沒有經過別人的同意，就把東西拿走？」可能反而讓他覺得納悶。但在對方的立場，可能認為他只是稱讚手機，沒有徵求同意，就把手機拿走。兩個人可能為此爭辯，甚至在心中留下芥蒂。

在家裡沒有學會徵求別人同意的孩子，出去面對其他人時，可能會認為大家都和爸爸、媽媽、爺爺奶奶一樣會寬容對待自己。當對方的反應不如預期時，孩子也許會覺得冤枉，也可能誤會對方心胸狹小。

事實上，在學校孩子面對的人，不可能都寬容無比、善解人意，不論遇到怎樣個性的人、什麼樣的狀況，最好的方法，就是講話有禮、行為有禮。

同樣的話，要用正向表達

人與人的關係中，禮貌最為重要。得到對方的同意之前，不能擅自行動，而說話的語氣、表情，要必須多加留意。

同樣的一句話，能用負面表達，也可以正面表達。徵求同意時也是如此，有的孩子會用正向詢問，也有的孩子會用負面詢問。有的孩子會說：「為什麼？這個不行嗎？」，也有的孩子會鄭重詢問：「這個可以嗎？」。

「不行嗎？」會帶給人負面的感覺，「可以嗎？」則是正向感受，說話時的表情也會不一樣，所以最好儘可能使用正向表達。

即便這個差異很微弱，但面對正向的問題，會想要給予正向的回應。這個微小的差異，孩子不容易自己察覺，是父母必須告知孩子。

平時對孩子說話時，請儘量用正向的句子。如果孩子還沒辦法全部都使用正向句子，也別太過於擔心。站在父母的立場，當然希望孩子在任何狀況下都能正向詢問，但孩子偶爾說「不行嗎？」也無妨。不過要注意，說話時的表情更為重要。

“父母可以這樣做”

「啊」這個字，也蘊含各種情緒。想通某件事情時的「啊～」、覺得煩躁時的「啊！」、反省或覺得困擾時的「啊……」等，依講話的語氣、表情、態度不同，意思也隨之相異。同樣的一個字，能蘊含各種不同的情緒，因此必須教導孩子徵求同意時的說話技巧。請和孩子分享，該如何徵求同意。

爸爸：如果你想吃放在爺爺前面的餅乾，該怎麼說？

孩子：爺爺，我可以吃這個餅乾嗎？

爸爸：如果爺爺還沒有同意，你就拿去吃，會怎麼樣？

孩子：啊，爺爺跟我說「吃吧」才可以吃，對吧？

爸爸：沒錯，爺爺說「吃吧」，你先說「謝謝」再吃會更好！

請明確告訴孩子，同意表示對方聽到要求，並且說出口同意你這麼做，也就是要等對方說：「可以吃」、「可以摸」、「可以拿」。

「可以拿一個嗎？」

「嗯，可以拿。」

請告知孩子，必須聽到對方的回答，才是徵求同意。對方說：「可以拿」的同時，也可能會自己把東西拿過來。

教孩子想要得到同意時

1. 先徵求同意
2. 等待對方反應
3. 依對方的回應（「可以」、「不行」）行動

向對方徵求同意時，也可能得到「不行」的回應。並非提出要求，對方就一定會答應。如果對方拒絕，可以回應：「我知道了，（造成你的困擾）很抱歉」。只有父母能教導孩子說出如此成熟且正確的回應。

Column

與孩子的表達力練習

❶ 對老師的說話方式

孩子：老師，我可以用一下剪刀嗎？
老師：好，可以用。（沒有遞上剪刀，但已表示同意）
孩子：老師，謝謝。
↓用完後還給老師。

❷ 對祖父母的表達方式

孩子：爺爺，我可以吃這個餅乾嗎？
爺爺：不行，媽媽會生氣，媽媽同意再過來。
孩子：爺爺真小氣……（×）／好，我知道了。（○）
↓雖然想吃餅乾，但因為沒有得到同意，所以不能拿。

❸ 對父母的表達方式

孩子：（未經過爸爸同意）我用爸爸的手機玩遊戲。（×）
↓不能以告知的方式講和行為。

孩子：爸爸，你的手機可以借我用五分鐘嗎？（◯）
爸爸：（遞過去）好，五分鐘後還我。
孩子：謝謝爸爸，五分鐘後還你。
↓五分鐘後歸還。

❹徵求同意的正向說法

正向詢問時，臉部表情和語氣都較柔和。

「這個不能拿嗎？」（×）
「請問可以拿一張嗎？」（◯）

※注意事項

- 不能讓孩子邊徵求同意邊動手。
- 獲得同意之前，不能動別人的東西，也不能動作，要等對方回應。
- 等待對方給自己東西，或對方說「可以拿」時再拿。
- 如果約定「用完歸還」，用完後要立刻還（即使還會再借）。

03／大人有事拜託孩子時的說話技巧

當大人要求孩子幫忙時，孩子的態度為何？孩子如何回應他人的請求很重要，不過在探討這個部分之前，先思考一下父母如何對孩子說話、用什麼態度說話，是否用命令的方式抑或拜託的方式。

有時，父母需要請孩子幫忙或要孩子幫忙跑腿時，父母的態度和語氣可能導致孩子產生不滿的情緒，也可能讓孩子養成不好的習慣。當孩子被大人拜託時，孩子的反應為何？有什麼行為呢？

媽媽要宇赫過去幫忙。

「宇赫，幫媽媽拿水過來。」

「（聽到以後對旁邊的妹妹說）安宇真，你去拿。」

「你怎麼叫妹妹拿？媽媽叫誰？媽媽叫你啊！」

「媽媽每次都叫我！」

宇赫覺得媽媽每次都只要求他幫忙，心裡有點不開心。他覺得要幫忙有點煩，而且妹妹七歲了，媽媽都沒有要求她。妹妹察覺哥哥要被罵了，主動說：「知道了，我幫忙拿」，並把水拿給媽媽。

「唉呀，還是妹妹好。」

媽媽說著說著，宇赫不開心地板著臉進房間。如果類似的狀況反覆發生，會變成怎麼樣？不僅哥哥和媽媽的關係會破裂，總是和妹妹做比較，也會讓哥哥產生不滿和冤枉。其實這樣的狀況，不僅只是孩子的態度問題。

“父母可以這樣做”

請思考一下要求孩子時的情境。用命令的方式要求孩子做某件事時，如果要孩子立刻做出行動，孩子當然會擺出不尊敬的表情或態度。此外，你是否沒有走到孩子身旁，而是在遠方大喊呢？

當父母在客廳對在房間內的孩子說：「幫忙拿水過來」，如果孩子沒有立刻行動，或沒有出聲回應，父母可能會更大聲要求。孩子可能真的沒有聽到，或在房間寫作業，因而回應較慢，但父母卻認為孩子是可以幫忙、必須幫忙的人。

需要幫忙時，請看著孩子，並用溫和的語氣說。如果不得已要大聲交代，請這麼說：「抱歉，爸爸需要……，可以幫我一下嗎？」提出要求時必須同時尊重孩子。

剛剛的案例中，宇赫對妹妹宇真說：「你去拿」，也許並非有意推托給妹妹，只是學會父母對自己說的命令句，用同樣的方式對妹妹說話。

提出拜託時，必須考慮孩子的狀況。如果孩子專注於某事時，請儘量避免要求孩子。若不得已時，請說：「可以幫媽媽拿水嗎？媽媽要吃藥」，提出拜託時也請一併說明理由。被尊重的孩子，也會學會尊重他人，並且實踐。

拜託孩子時，這樣對他說

「宇赫，媽媽現在在○○，可以幫媽媽拿水嗎？」

（孩子拿水過來時）「謝謝你幫忙。」

請告訴孩子當大人提出拜託時，該用什麼態度回應、如何回答，以及該如何行動。

教導孩子被大人拜託時的回應

「必須微笑地說：『我知道了』」

「可以複述拜託的內容，再次確認。」

請舉明確的範例告知孩子，例如：「好，媽媽，我幫你拿水（確認拜託）」。如果孩子對大人的請求能這麼回應，絕對能成為到哪裡都受歡迎的孩子。如果希望孩子做出這樣的回應，平時就要多給孩子機會練習。

如果孩子聽到大人的拜託後，假裝沒有聽到或推托給他人，請透過對話了解孩子的想法，並注意避免讓孩子沒有面子。如前面的案例，父母要孩子幫忙拿水時，如果哥哥要妹妹去拿，請先不要罵哥哥。

「宇真，你可以幫一下忙嗎？」

妹妹幫忙後，請對妹妹表達感謝。之後只有哥哥在的時候，再告訴他大人提出幫忙要求時，該用什麼態度回應。「剛剛媽媽請你幫忙時，你請妹妹去，媽媽想知道原因」，如果孩子說：「沒有為什麼」或是「媽媽每次都叫我，都不叫妹妹」，請透過溝通來理解孩子的內心。

媽媽：你覺得媽媽都只找你幫忙嗎？宇赫，媽媽以後也需要你的幫忙，要怎麼做你才會幫我呢？

孩子：……

媽媽：你告訴媽媽該怎麼做，媽媽會照做的。媽媽怎麼拜託，你會感覺比較好呢？

（○）↓聆聽孩子的要求

孩子：媽媽，希望媽媽能說明清楚。

媽媽：你也很常要求媽媽啊，你要求十次，媽媽也才拜託一次啊？（×）

以後媽媽說：「麻煩你幫忙拿水」時，你會幫忙嗎？（○）

Column

與孩子的表達力練習

大人拜託時，孩子的回應

1：靠近說「好」

2：微笑等待對方說話（拜託）

3：確認拜託內容並行動

❶ 爸爸在家提出拜託時

「幫爸爸拿桌上的書。」

「好，書房桌上的書對吧？」（◯）

「爸爸，我現在有事。」（×）

❷ 微笑回應大人1

「不要亂夾菜，好好吃飯。」

「我有好好吃呀！」（×）

心想：「原來我看起來像在玩，那我應該要好好吃」，回應：「好，我知道了」，並認真吃飯。（◯）

❸ 微笑回應大人2

「抬頭挺胸坐好。」

「我這樣比較舒服！」「爸爸也隨便坐啊！」（×）

心想：「應該要坐好」，詢問：「這樣可以嗎？」（○）

❹ 微笑回應弟弟妹妹

弟弟妹妹幫忙自己時，對他們說：「謝謝你幫忙」。

❺ 孩子在寫作業，媽媽提出拜託時

「（到媽媽旁邊）媽媽，我現在在寫作業，二十分鐘後再去超市可以嗎？」（○）

04

孩子和老師說明事情時的表達技巧

「那是我的東西，我只是借你，沒有要給你，快還我！」

「我有說不還你嗎？我會還你，明天帶來還你。幹嘛這麼小氣？」

「什麼？小氣？你昨天說今天要還，結果還不是沒帶來。」

說著說著，多恩大聲呼喚老師。

「老師～這邊。有人借了東西不還。」

老師忙著整理出缺席表。

「老師～是這樣的～」

多恩接二連三訴說自己的委屈，老師抬起頭看著她說：「妳剛剛說什麼？可以再說一次嗎？」

多恩又氣又覺得委屈，開始哭了起來。

多恩回家以後，對媽媽這麼說。

「媽媽，老師不喜歡我。」

孩子遇到委屈的事情時，習慣大聲呼喚老師，希望老師能幫自己的忙。即便父母再三叮嚀要孩子跟同學好好相處，朋友間還是難免起爭執。遇到這樣的狀況，有時候孩子能夠自己解決，有時候則需要大人介入幫忙。若朋友間自己解決不了，有時候反而會有更大的爭執，若有需要，及早請老師幫忙可能來得更好一些。

不過，老師並非只要管一兩個學生。老師會有其他工作，也需要管理其他學生。學生請老師幫忙時，有時候能得到即時幫助，有時也可能聽到這樣的回應：「你怎麼每次都有事情？」遇到委屈的事時，可能給老師或同學「愛打小報告的同學」的印象，也可能透過老師的權威得以解決。這其中的關鍵，就在於孩子的表達方式與態度。

“父母可以這樣做”

當小孩要求老師幫忙，但結果不如自己所想時，有的孩子會想哭，也有的孩子會說：「老師沒聽到我說嗎？」從老師的立場看來，可能既唐突又無禮。

請教導孩子如何有禮貌地維護自己的權益。孩子沒禮貌或不懂處理方式時，請不要立刻指責孩子，請先理解孩子的想法。當孩子能被理解時，才能真正聽進媽媽的話。聽完孩子的話以後，先做出回應：「你應該很難過」，再教導孩子正確的方式。

Column

與孩子的表達力練習

請這樣指導孩子跟老師說話。

❶ 避免在遠方叫老師，要走到老師旁邊

「用冷靜的態度跟老師說：『老師，我有事想跟您說』。」

❷ 老師看著你後，再開始說明事情

「如果老師正在忙其他事情，先稍等一下，老師看著你以後，再開始說明。」

❸ 如果老師在做其他事情，（想說話也沒辦法繼續時）先等一下

「雖然老師想認真聽你說，但在那之前可能有需要處理的事情。」

孩子往往會以自我為中心，認為自己跟老師說話，老師就應該要聽，如果老師沒聽，就代表老師討厭自己。媽媽可以和孩子說明，避免孩子誤會老師討厭自己。

❹如果單獨對老師說，要放低音量

「如果你要講的事情可以單獨讓老師聽，比起大聲說，用只有老師聽得到的音量講更好。」

對小學低年級以下的孩子來說，要配合狀況調整音量並不容易。請告訴孩子什麼是大聲、小聲以及適合的音量。

05／培養有禮貌的孩子說話技巧

這是發生在小學一年級小朋友的生日派對上的事情。同學們紛紛和媽媽到家庭餐廳聚會，大家為生日的同學鼓掌、唱歌，送上精心準備的禮物和卡片，也一起開心拍照，度過了愉快的時光。

接著來到了吃午餐的時間。因為稍微過了正餐時間，所以大家都肚子餓了。孩子們興奮地用小跑步的速度到自助區，盛裝著食物。

就在這個時候，妍朱的媽媽和祐碩撞在一起。好在食物沒有灑出來，兩個人也沒有受傷。妍朱的媽媽嚇了一跳，正打算問：「祐碩，你還好嗎？」的時候，祐碩先開口說道。

「您還好嗎？」

妍朱的媽媽聽到，覺得十分訝異。祐碩的語氣和表情相當謙遜，而且充滿了擔憂。她回到座位後，仍不斷稱讚比大人先關心對方的祐碩。妍朱媽媽也開始思考，要如何教出那樣的孩子，生日派對的後半段，她都在觀察祐碩和他的媽媽，心想著要學習祐碩媽媽教孩子的秘訣。

祐碩的媽媽其實沒有特別教什麼，但就妍朱媽媽的觀察，她覺得用溫柔的眼神和從容的態度面對孩子，似乎比碎碎念還更有效。

用餐的過程中，媽媽們不斷告誡孩子：「不要挑食，要均衡飲食」、「這個多吃一點」、「慢慢吃，不要弄出來」、「小心點，不要受傷」等，但祐碩的媽媽並沒有這麼說。她只有說：「拿回來了嗎？看起來很好吃呢！」

媽媽們往往為了顧孩子，自己比較晚吃飯，因出自於愛孩子，總是在嘮叨。不過，祐碩的媽媽以溫暖的眼神和微笑面對孩子，只有在盤子太靠近桌子邊緣時幫忙扶了一下，而且她也同時一起用餐。

“父母可以這樣做”

聽聞這個故事，我也感觸良多。一般遇到事情或突發狀況時，通常會先確認自己的安全，再關注周遭的人，這是出自每個人的自我保護、自我防禦機制。在危急的狀況中先擔憂對方，實在不是一件容易的事。

然而，小學一年級的祐碩，撞到朋友的媽媽後先開口問：「您還好嗎？」確實讓人訝異。讓孩子這麼做的秘訣是什麼呢？那就是孩子領悟到的良好說話習慣。

另外，我也猜想，或許祐碩的好習慣來自於媽媽的影響。我們常說「有禮貌的男人」、「有禮貌的女人」，卻鮮少說「有禮貌的孩子」。有禮貌的孩子看起來給人感到謹慎，而且帶給他人信賴，除了給大人好印象和好評價，在朋友間也同樣會得到正向的評價。所以，該如何教出有禮貌的孩子呢？

來到家裡的客人準備離開，孩子可能因為專注於某件事，或因為害羞，而沒有和對方道別。如果父母出自不好意思，也覺得應該教導孩子，可能會對孩子訓斥：「客人要離開了，你都不打招呼嗎？」但其實還有更好的辦法。

如果孩子在房間做事

進到房間內，用只有孩子聽得到的聲音說：「〇〇要回去了，出去打聲招呼吧！」並牽著孩子的手出來。用冷靜的方式教導，同時也能尊重孩子。

孩子可能專注在做某件事情，並不知道客人要離開，如果大聲斥喝孩子：「你都不打招呼嗎？」孩子可能被認為是「不打招呼、沒禮貌的孩子」，可能因此傷及孩子自尊，或讓孩子覺得委屈。在日常生活中親切教導孩子，孩子遇到各種狀況時，自然能用有禮貌的態度說話、做有禮貌的行為。

Column

與孩子的表達力練習

❶ 撞到別人時

「啊，嚇我一跳！這樣很危險！」（×）

「對不起，你還好嗎？」（○）

❷ 睡覺前、起床後

「媽媽、爸爸，我要睡覺了，晚安。」（○）

「奶奶，您睡得好嗎？」（○）

❸ 出門前後

「（在玄關）媽媽，我出去了。」（在五十公尺遠的地方說）

「（到媽媽旁邊）媽媽，我去朋友家。」（靠近說，並告知地點更好）

「（在玄關／也同時到爸爸旁邊說）我出去了，爸爸！」（○）

外出時，務必要說明去哪裡。返回時，一定要看著父母打招呼。

❹ 父母外出或回來時，到玄關打招呼

「媽媽，出門小心。」

「爸爸，回來了嗎？」

向大人問好時，不能看著地上，而是要看著對方說。

06／如果孩子感到委屈時，可以這麼說

「你再這樣，我就不忍了喔？」

「不忍會怎樣？」

「我會打你一頓！今天一整天都別想玩！」

「來打啊～來打啊！」

慧莉和紀賢是既愛鬥嘴，又十分要好的朋友。紀賢總是鬧慧莉，惹她生氣，慧莉要他別鬧，但他沒也要停止的意思。慧莉拿著鞋袋，做出要打他的樣子，想要表達自己在生氣。

「最後警告你喔，再這樣我就拿鞋袋打你。」

「我管你的～」

慧莉用鞋袋打紀賢，紀賢雖然不覺得痛，但裝痛叫了一聲「唉呀」。這個時候，有一位大叔剛好路過，看到這一幕。

「你們在路上玩很危險，而且怎麼可以打同學呢！」

「啊？」

「對朋友使用暴力，以後長大會變成壞人。」

慧莉覺得很慌張，一時之間不知道該說些什麼。紀賢看了慧莉一眼，覺得實在很好笑。慧莉只是要紀賢不要鬧，路過的大叔全然不知情，就責備了她。慧莉回到家以後，這麼對媽媽說。

「大人真的很奇怪，什麼都不懂還亂說。」

「發生了什麼事？」

「今天紀賢一直鬧我，我覺得很煩，我用鞋袋輕輕打他，結果路過的大叔看到，說我對朋友暴力，以後會變成壞人，哼。」

「那個大叔怎麼這樣？明明就不清楚狀況，真搞笑。」

爸爸聽到慧莉和媽媽的對話，擔心慧莉的壞習慣，做了以下這樣的回應。

「在路上玩很危險，那位大叔一定是因為擔心才那麼說。」

「爸爸跟那位大叔一樣，爸爸都不懂我有多驚嚇！」

「怎麼能這麼跟爸爸說話呢？就是這樣才會被路過的大叔罵啊！」

“父母可以這樣做”

如果孩子誠實對父母說一件事，父母必須讓孩子得到安慰，並且讓他們從中學習。請先傾聽孩子，理解孩子想要表達的內容，再和孩子對話。有時候當孩子感到安慰與被理解，就能結束對話，也有的時候需要父母出面教導或幫忙解決問題。

在路上拿鞋袋打朋友，確實是不對的行為。雖然朋友有錯在先，但這樣的行為很危險。路過的大叔不清楚事情前因後果就想出面指導，讓孩子覺得很冤枉，由此可知父母應該先聽孩子說，才能教導孩子。

孩子表達的主軸是「冤枉」，因為路過的大叔說他「對朋友使用暴力，以後長大會變成壞人」。

教導孩子說話時，首先要教他們「覺得冤枉時該如何說」。「要和朋友好好相處」、「不能拿鞋袋打朋友」可以放在之後再說明，因為孩子是覺得冤枉和丟臉才向父母訴說。

請針對這個部分和孩子對話。

「後來你對大叔說了什麼？」

【對話1】

如果孩子率性回覆：「那位大叔只是路過，什麼都不懂，我也沒有多想。」那麼，媽媽就不必認真多想，至少孩子已經走出覺得冤枉與丟臉的情緒。

孩子：大叔突然那樣說，讓我覺得丟臉，但因為他是大人，所以我沒說什麼。

媽媽：做得好，他應該是擔心你們危險才那麼說的。

【對話2】

如果孩子因為被責備而覺得受傷，必須要安撫孩子的情緒，沒有必要去判斷大人、小孩子的行為是否正確。請和孩子對話，幫助他們抒發當時的情緒，並避免下結論。

孩子：我覺得突然被罵了一頓。
媽媽：被罵嗎？可以具體說明一下嗎？
孩子：我想對那位大叔說：「才不是好嗎！」但我忍住了。
媽媽：如果和大叔說明狀況呢？
孩子：大人應該不會聽吧？／他應該會直接走掉吧！

Column

與孩子的表達力練習

❶朋友在路上開玩笑時

「這樣很危險，別鬧了。」

如果對方還是繼續

「我不想玩得這麼危險，我要先走了。」

❷和朋友玩，聽到別人說「不要在路上玩」時

「才不是呢！」（×）

心想：「確實很危險」，回覆：「好，我知道了。」（○）

接著對朋友說

「你害我被罵！」（×）

「我們別在這邊玩吧！」（○）

❸大家一起犯錯，但只有自己被罵時

「大家都不對，為什麼只有我被罵！」（×）

「好，我知道了。」（○）

❹讀書讀一半暫時去休息，結果被爸爸罵時

「你不念書，只顧著看電視？」

「爸爸，我剛剛在念書好嗎？」（×）

「爸爸，你回來了？我剛剛在念書，想要稍微休息一下，再看五分鐘可以嗎？」（○）

❺被媽媽誤會時

媽媽因為誤會而生氣時，冷靜說明狀況。

大聲說：「才不是！」頂撞媽媽，沒有好好傳達想說的話。（×）

（雖然被誤會覺得委屈）但仍努力溫和說明。

「媽媽，我作業寫完才玩的。」（○）

07

孩子即使犯錯也會被疼愛的聰明說話術

開始上課不到五分鐘，孩子舉手對老師這麼說。

孩子A：不好意思，我有點急，可以去洗手間嗎？

老師：下課沒去在做什麼？一定要現在去嗎？

孩子A：老師，我很想忍，但有點急。我會盡快回來！

老師同意了，孩子A去了一趟洗手間。

孩子B：老師，我要去洗手間。

老師：下課沒去在做什麼？一定要現在去嗎？

孩子B：啊～對～我現在很急。

老師同意了，孩子B也去了一趟洗手間。

兩位孩子的狀況相似，但呈現出來的態度大不相同。

孩子A：（下課後）老師，剛剛上課途中去洗手間很不好意思。其實，我因為上一堂數學課有不懂的題目，所以下課去問隔壁班的同學。問完本來要去洗手間，但上課鐘響了，只能先進教室。以後我會注意的，謝謝老師剛才同意。

孩子B：（放學後回到家裡）媽媽，我今天說要去洗手間，老師不讓我去（省略了有去的那一段）。

上課開始沒多久，就有同學要去洗手間，站在老師的立場，並不是很樂見的事情。有的老師會爽快地說：「快去吧」，或者說：「還可以忍嗎？」，也有的班級學生會自己安靜地去。有時候會遇到拉肚子，來不及等老師同意的狀況，又或是上課才突然想要去洗手間的情形。

不論是再怎麼認真的老師，都可能沒辦法好好詢問狀況，而說出比較過分的話，例如：「下課沒去在做什麼？」也可能藉此機會，向大家宣導：「大家以後請在休息時間去洗手間」。遇到這樣的狀況，有的孩子會覺得不知所措，也有的孩子會覺得丟臉。

你們家的孩子遇到這樣的狀況，會是A、B哪一位孩子呢？如果孩子能用有智慧的方式處理狀況，老師也會覺得他很成熟。請教導孩子面對狀況的態度（表情）和說話方式。面對同樣的狀況，孩子表現出的態度可說是大不相同。而孩子展現出來的態度，也會影響對方的態度。一起來學學，要如何教出讓人喜愛的孩子吧！

“父母可以這樣做”

孩子A在休息時間去問隔壁班同學問題，因此沒去洗手間。雖然他有充分的理由，但並沒有反駁老師的話。如果他及時回應老師，聽起來也許會像「辯解或頂撞」，而且也妨礙大家上課。同樣的原因，如果是下課後安靜、有禮貌地說，聽起來就是「說明」而非「辯解」。

面對老師的指責，即使想說明原因或有話想說，也可以先說：「老師，我知道了」或

「謝謝。」下課後再私下向老師說明原因。像A這樣的孩子，他沒有及時辯解，而是之後再冷靜慢慢說明，不論是哪位老師，都會十分尊敬他。

朝鮮時代的學者李珥曾說，待人有九思，其中之一就是色思溫，也就是要省思態度、神色是否和悅溫雅。不妨告訴孩子這番話。「韓幣五千元紙鈔上的李珥，他總是在思考自己的面色是否和悅。和別人說話時，如果面色溫和，看的人心情自然會好，也更有助於內容傳達。」

這裡，我們在討論做錯事情仍被喜愛的孩子，但並非是要教孩子做錯事後逃避，而是要教導他們做錯事情要先承認，即使覺得冤枉，也要注意自己表情和語氣，並在適合的時機說明。若以不和悅的表情面對對方，會傷害對方的心情，導致對方生氣。遇到狀況時，要避免雪上加霜，而是思考如何轉禍為福，請教導孩子把危機視為轉機，用智慧去應對各種狀況。

如果孩子認為老師討厭自己，請仔細觀察孩子的態度、表情和語氣。有的孩子第一眼看上去覺得漂亮，有的孩子愈相處愈覺得漂亮又討人喜愛。有些孩子愈相處愈有距離，有些孩子雖然並不特別傑出，但總是目光焦點，備受喜愛。

如果各位父母是幼稚園老師，面對班上的二、三十位孩子，會覺得哪些孩子比較討人喜愛呢？請以這個角度教孩子說話，相信一定會更具效果。態度和表情好的孩子讓人喜愛，大家看他的眼神也會更溫和；被如此對待的孩子，能夠藉此確認自我價值，提升孩子的自信。

負面的心情和正面的心情都很珍貴，但逕自表達自己不滿的孩子和認為「老師那麼說應該有他的原因」並再次思考的孩子，兩種孩子的反應絕對相異。孩子學說話時，最重要的就是說話的「表情」和聽大人說話的「態度」。

與其和孩子說：「要好好說話」、「注意表情」，不如好好告訴孩子該說什麼好、怎樣的表情看起來和悅。即使沒有直接告知孩子「該這樣做、該那樣做」，透過這樣的對話和提問，孩子也能自行選擇。

媽媽：為什麼他做錯事情，但大家還是很喜歡他？

孩子：○○如果做錯事，他會馬上道歉。

引導孩子思考自己的態度

「原來如此。如果你和朋友一起做錯事，結果老師只說你，你的心情會怎麼樣？」

「遇到這樣的狀況，你會怎麼樣？」

「如果你是老師，你比較希望同學怎麼說話？」

「如果你是老師，你詢問遲到的同學：『你為什麼遲到？』，一位同學不開心地說：『都是有原因的，不知道就罵我……』，另一位同學溫和地道歉說：『老師，不好意思，我下次不會遲到』，你會比較喜歡哪個同學？」

孩子成長的過程會受到許多關注和稱讚，也會遇到許多指責和冤枉的事情。即便做錯事情，只要表現出良好的態度與和悅的表情，有時候就能因此逆轉狀況。希望各位的孩子，就是如此有智慧的孩子。

Column

與孩子的表達力練習

❶ 做錯事情時

主動走到大人旁邊

「對不起，我不小心～做錯了。」（○）

如果只在心裡反省，等待對方發現，對方可能會認為你做錯事情卻不承認。

「我有好好反省，一定要說出來嗎？」（×）

不辯解，立刻道歉：「我知道了，對不起。」（○）

❷ 沒有做錯事情，但被誤會或被責罵時

「不是這樣的。」、「您不懂狀況，怎麼能這樣說？」（×）

即使覺得冤枉，也別言語追究、爭辯。

「好，我知道。」、「我以後會小心。」（○）

之後再私下冷靜說明。

❸ 要求大人幫忙時

「我不太懂這個部分，可以請教您嗎？」

「老師，請幫我一下。」

「如果能幫我，我會非常感謝您。」

接受幫助後

「謝謝你告訴我。」

「謝謝你幫我。」

【第四章】

讓孩子有尊嚴、有自信的表達力

01

掌握讓步和拒絕的聰明說話術

爭吵過後會先道歉、懂得和朋友分享、知道讓步與照顧別人，大家覺得這樣的孩子如何？如果是別人家的孩子，可能讓人心滿意足，甚至覺得「應該要有更多這樣的孩子」，但如果是自己家的孩子，對於「讓步」和「照顧」，可能會多加留心，因為孩子也有可能「顧著分享而沒照顧好自己」或是「沒辦法對別人說該說的話」。

今年六歲的娜妍和父母、爺爺奶奶一起長大，經常被稱讚有禮貌、愛讀書、表達能力優秀。父母認為與其從小就送到幼兒園過團體生活，不如和家人一起生活，因此選擇讓她在家自學。直到娜妍五歲時，才開始上幼稚園。她適應得很好，發展得也比同齡同學還快，整整一年聽到了許多稱讚。

「娜妍很會禮讓。」

「娜妍真的很沉穩，很能理解朋友，也很會照顧大家。」

但有一天，娜妍放學後顯得很不開心。媽媽牽著她回家的路上，問她發生了什麼事。她說：「沒什麼事，媽媽」，但一回到家，她就開始大哭了起來。媽媽等她稍微平靜下來後，抱著她詢問。

「希望娜妍可以跟媽媽說，這樣娜妍也會比較舒服。」

「不了，媽媽。我不希望媽媽跟我一樣難過。」

「難過可以分擔呀！愈分擔難過的感覺會愈小，我們一起分擔吧！」

「真的？媽媽，我覺得很難過。每次都是我在讓同學。」

從小在家和家人們生活的娜妍，從來沒有和朋友們起過爭執或鬥嘴，因此當朋友突然向她要玩具時，她便回覆：「想玩嗎？好，拿去玩吧！」而這時候，幼稚園老師們總是會稱讚不已，對大家說：「娜妍真的很棒」。

然而，這樣相處了一年多下來，娜妍漸漸開始覺得不對勁，似乎有點委屈。當她要求朋友時，朋友都不肯讓步，而朋友卻不斷地要求她。

不必讓步沒關係

一般來說，許多父母會擔心自己家的孩子不懂得讓步，或是凡事只顧自己，不過娜妍沒有這個問題，她非常懂得讓步。

後來媽媽對她說：「你也可以要求朋友」、「朋友要求你時，不一定要答應」。娜妍聽了後回應：「媽媽，真的可以嗎？那樣朋友不會難過嗎？」。

幼稚園老師、鄰居們都稱讚娜妍很會讓步，但媽媽聽了，卻覺得心裡既沉重又擔憂。孩子雖然懂得讓步，但心裡覺得有點受傷與冤枉，且為了不表現出來而費盡了心思，這一點也讓媽媽覺得揪心。如今教導孩子不要讓步好像不對，儘管說「不必讓步沒關係」，卻也只是讓孩子更加混亂，媽媽不知該如何是好。

“父母可以這樣做”

「媽媽，我看書看得正起勁的時候，朋友跑來說那是他也想看的。」娜妍聽了，趕緊把書闔上，遞給朋友。如果娜妍是心甘情願讓出，當然沒有什麼問題。

不過，把書給朋友的娜妍，表情顯得有些失落。她其實也很想繼續看這本書，因為朋友提出要求而讓步，但內心其實並不想給。如果孩子勉強自己退讓，導致自己覺得受傷，那就必須教導孩子如何好好表達自己的想法。

因為孩子過去都和大人一起生活，成長的過程中十分穩定，且沒有衝突，所以可能較難接受不讓步的想法。過去和父母、祖父母生活，自然學習了禮讓的美德，但沒有學到如果不想讓步時，究竟該如何處理。父母應該教導孩子在想要讓步時、不想要讓步時，該如何說明，並告知他們，說出拒絕並非負面的話。該如何教孩子比較好呢？

如果對孩子說：「你也可以要求其他朋友。朋友要求你讓步時，你不一定要讓。」孩子回應：「媽媽，這樣真的可以嗎？」該如何回答孩子呢？

如果教孩子直接回應別人：「不要，這是我先拿到的，是我的東西，你去玩別的」，對僅六歲的娜妍來說，她的內心會更加煎熬。遇到這樣的狀況，請先好好聽孩子說。要先充分理解孩子的狀況，才能教導孩子。

娜妍：媽媽，我看書看得正起勁的時候，朋友跑來說那是他想看的。

媽媽：那你怎麼做？

娜妍：我把書給他，因為他說他想看。

媽媽：把書給朋友後，娜妍的心情怎麼樣？

請跟著孩子的情緒對話。要讓孩子接受自己沒有察覺的內心感受。

媽媽：禮讓是很好的行為，但如果讓步之後自己覺得不開心，該怎麼做呢？

娜妍：如果我不讓步，朋友會很難過吧！

媽媽：（理解孩子的想法）是啊，朋友確實可能會難過。那麼，娜妍以後也要忍受不開心的感覺，禮讓朋友嗎？

娜妍：不，我也會難過。

媽媽：（用孩子能接受的提問）如果無法讓步時，好好說明會不會比較好呢？

請告訴孩子，不讓步並不代表是「不好的拒絕」。人人都有選擇與決定的自由，要能好好表達自己的想法，才能長久維持健康的關係。如果孩子讓步時有委屈的感覺，未來孩子在人際關係上也會因為遇上同樣事情而畏縮。擁有能夠掌握讓步與拒絕的說話技巧，未來能昇華至協商技術，乃至於不被影響的自主人生，對於孩子的人生有莫大的幫助。

Column

與孩子的表達力練習

在幼稚園看書時，朋友想看自己的書。

❶ 如果想要繼續看

「朋友，我先看完再給你。」

「朋友，你想看這個嗎？那我趕快看完，再給你好嗎？」

❷ 如果很樂意讓給朋友

「是嗎？你也想看？那你先看吧，看完再給我。」

找自己想看的其他書看。

朋友看完歸還時

「你看完了嗎？謝謝你遵守約定。」

❸ 如果不想讓給朋友（提示備案）

「朋友，我現在想看這本書。你可以先看其他書嗎？」

「如果你也想看，可以和我一起看。」

❹ 如果不想讓步，且心裡覺得不舒服

請告訴孩子：「告知朋友不想退讓，並不是讓對方難過，自己的想法也很重要」，練習放下心中的疙瘩。

02／教導孩子了解學好表達的力量

「媽媽，今天開始和我一起做伸展操吧！」

「怎麼突然要做伸展操？」

「學校體育課有做伸展操，但因為我身體太僵硬了，所以被同學笑，大家說我像木頭一樣，我覺得很生氣。」

「喔？有發生這樣的事情？做伸展對身體很好，我們一起練習吧！媽媽也可以一起變健康呢！」

「媽媽，你知道嗎？大家說我很好笑，也有人說我努力的樣子很可愛，不過這比笑我，還讓我心情不好。」

孩子的話，讓媽媽陷入思考。媽媽想起了自己在這個年紀時經歷過的事情。

「你知道媽媽以前的夢想是當老師吧？媽媽以前覺得讀書很有趣，幫忙教同學的時候覺得很幸福，所以下定決心要當老師。」

「真的嗎？那為什麼後來沒當老師？」

「因為媽媽說錯了一點話，後來朋友的一句話，讓媽媽改變了心意。」

「我想知道！」

「有一天，同學來問我她覺得很難的數學題目，我說了：『哦？這題你不會呀？』接著幫忙解題，但朋友似乎因為那句話覺得很受傷。他覺得自己被瞧不起，自尊心有點受傷，但其實我不是那個意思。媽媽表達得不太好對吧？」

「啊，我懂這個心情！很像媽媽在炫耀，嘻嘻！」

「也許是吧！但那位同學當下沒有跟我說，所以我並不知道他聽了我的話以後心情不好。過幾天後，其他同學才跟我說，那位同學到處在毀謗我。還說我瞧不起他，如果以後當了老師，應該也會因為瞧不起學生而被討厭。這番話讓媽媽覺得很受傷，以前同學來問我問題，我都很開心地幫忙，但沒有理解到同學的心裡怎麼想……。」

「可以跟朋友說不是那個意思呀！」

「也許那樣會比較好，不過那時候媽媽年紀還小，覺得有點受傷，也慢慢遠離當老師這個夢想。今天聽了你的事，讓媽媽想起這件事。雖然同學說了讓你不舒服的話，但也許她就像媽媽小時候一樣，並沒有惡意，或許他是真的覺得你努力的樣子很可愛。」

「真的嗎？聽了媽媽的話，讓我覺得好多了。」

「雖然沒辦法得知同學怎麼想，但媽媽覺得他說你可愛應該是真心的。你有沒有覺得，好好表達一句話的力量其實很強大？同樣的一句話，可以讓對方感覺尊重，也能毀掉別人的自尊心。」

「真的呢，說話真的是不簡單。」

「媽媽到現在有時候也還是覺得很難，不過如果你從現在開始多注意，應該可以避免說出讓對方心情不好，或覺得不被尊重的話。」

「謝謝媽媽。和媽媽分享真是做對了。」

“父母可以這樣做”

父母要告知孩子，說對一句話有可能讓對方備感尊重，也會讓自己覺得被尊重。孩子在成長的過程中，有可能自己學會這個道理，但若及早學會，就能避免傷害朋友，或被朋友傷害。

孩子對朋友的誤會愈多，自尊心會愈低下。因此，不會誤解朋友的孩子和自尊心強的孩子，能夠直接接納朋友的話，也會懂得尊重對方。所以，身為父母該如何教導孩子，讓孩子明白一句話所擁有的力量呢？

「一諾千金。」

「口說好話，如口吐蓮花。」

「口為禍福之門。」

不妨透過成語、俗諺或狀況劇來說明給孩子聽。請讓孩子明白，一句話擁有無比的力量，多說好話才能聽到好話，甚至一句話能夠影響整個狀況或事件的結果。

透過提問告知說話的重要性

「一起來想想看，一句話能怎樣影響心情呢？」

「一句平凡的話，也有可能讓聽的人自尊心受損。有什麼樣的話是這樣呢？」

Column

與孩子的表達力練習

❶ 朋友要求教他功課時

「你連這個也不會？」「這麼簡單你不會？」（×）

↓（朋友的想法）「真討人厭，會點東西就了不起嗎……」

「你想知道這題嗎？我們一起解解看吧！」（○）

↓（朋友的想法）「你真聰明，個性又好！」

❷ 朋友反覆問一樣的問題時

「這個還是不會嗎？我不是教過你？」（×）

「你昨天也問過這個啊！」（×）

↓即使說這些話並不是瞧不起朋友，但會讓對方沒面子，傷及自尊。

「喔？這題呀？我看看喔，這題是…」（○）

↓朋友覺得困難所以詢問，回答的焦點放在問題上，避免讓朋友覺得沒面子。

「很多人都不太懂這一題。」（〇）

↓即使朋友反覆問一樣的問題，也要像第一次回答一樣。

❸解決朋友的問題後

「我幫你解開了，感謝我吧？」（×）

「你好好念書，就能像我一樣厲害。」（×）

「你有好好聽嗎？你重新說一次看看！」（×）

↓不要以傲慢或炫耀的口氣說話。

↓不要使用老師的語氣，也不可以像對待弟弟妹妹（以上對下）一樣對待朋友。

「謝謝你來問我。」（〇）

「很高興能幫上忙。」（〇）

「幫你解題的過程，我自己也更清楚了。」（〇）

「托你的福，我也再複習了一次。」（〇）

❹ 聽到朋友說讓人難過的話時

「你怎麼能這麼說？」（×）

「有可能是我誤會了。」（○）

03／當孩子覺得丟臉時的引導轉念技巧

好話讓人充滿力量，壞話讓人頓失力氣，因此當對方說好話，我們就容易敞開心房，如果對方說壞話，我們就可能不喜歡對方。換句話說，如果對方說了我們想聽的話，自然就會吸引我們。

孩子也是如此，他們一樣會想聽稱讚或是他們認為的好話。如果對方的反應或回應不如預期，會讓他們覺得失望或無地自容，也有的孩子會覺得自己被瞧不起。

泰京是一個上課很認真聽講的孩子，經常被老師稱讚。班導師為了提升大家的上課參與度和表達能力，經常要他們做分組活動和發表。

「大家想想看，各自講講看吧？」

上課發表讓泰京覺得十分緊張，尤其他喜歡被老師稱讚，這讓他更覺得緊張、就怕表現不好。如果老師問到他知道的問題，他會心想：「希望來問我」，如果問到他不知道的問題，他會躲避老師的視線，看著自己的鉛筆盒。這一天，輪到泰京回答問題，他說了自己預想好的答案。

「老師，我覺得～」

「這跟剛剛燦宇的回答很像，大家想想不一樣的答案吧！接下來，請藝貞回答～」老師不過是希望課堂更豐富一些，但對年紀尚小的泰京來說，很容易誤解老師的意思。他努力思考出答案，但因為老師先讓其他同學發言，導致他覺得丟臉。如果孩子覺得沒面子，他們的自尊和自信感都會降低，甚至覺得心裡受傷。

「媽媽，老師瞧不起我。」這個狀況，媽媽要如何處理比較好呢？

「那有什麼好丟臉？本來就要回答的有創意一點啊！」

「那是我先想到的，只是燦宇先回答。」

「所以說，如果先回答可能會比較好，下次要不要先回答？」

父母可以這樣做

從媽媽的回話中孩子可以學到什麼呢？他會不會覺得早知道就不要跟媽媽講了？孩子覺得冤枉、丟臉的時候，如果願意跟媽媽說，就值得被稱讚。這對孩子來說並不容易，要說出不值得被稱讚的事情其實很困難，有的孩子因為不想要被罵，會選擇迴避。

一般來說，大家會認為個性小心翼翼的孩子容易受傷，但其實喜歡出風頭的孩子更容易受到衝擊。

「何必這麼灰心，老師講的也不是沒有道理啊！」遇到這樣的狀況，媽媽的反應相對重要。

孩子和媽媽說學校的事情，無非是希望得到安慰，如果媽媽表現出這件事沒什麼大不了，孩子會認為自己的想法不被尊重。媽媽必須理解孩子的負面情緒，並且解開孩子對老師的誤會。如此一來，孩子才不會暗自討厭老師，並能真正享受學校生活。

請這麼告訴孩子：「謝謝你告訴媽媽。」

接著再告訴孩子，對方並不是有意要讓他覺得丟臉，告知老師的立場和想法，解開孩子的誤會。

解開孩子的誤會、安慰孩子

「你很努力想答案，但老師沒有好好聽你說，確實可能會讓你覺得難過和丟臉。」

「但老師並不是故意要瞧不起你，也許老師只是要進到下面的課程內容。」

「能讓大家都發表意見當然是最好，但課堂時間有限呀！」

請告訴孩子，老師也可能因為孩子誤會而覺得受傷。

「如果老師知道你誤會他，應該也會覺得難過，老師對待大家都是平等的。」

幫助孩子解開對老師的誤會，能讓孩子更積極參與課程。孩子喜歡老師，就會喜歡上課學習。

Column

與孩子的表達力練習

如果遇到覺得老師瞧不起自己的狀況

「嘖，老師瞧不起我。」（×）

❶ 改變想法

「老師不是瞧不起我，而是希望聽聽不同的意見。」

「好的，老師。如果我有想到其他答案再回答。」

❷ 不要覺得丟點，積極解決

如果有好奇的問題，舉手提問。

（舉手）「老師，我有問題！」

❸ 正向解讀

「老師可能也是不得已的。」

（如果老師沒有回應）「老師應該是沒聽到。」

04／教會孩子正向表達負面情緒的說話技巧

「媽媽，我像豬嗎？」秀烷下課回家後，這麼問媽媽。媽媽聽了有點訝異，皺了一下眉頭。

「怎麼突然這麼說？有人說你是豬嗎？」

「我今天在學校吃營養午餐的時候多要了點菜，韓尚民說我是豬。」

「你只有多要菜嗎？」

「也不是……我也有多要肉，不過阿姨說沒了，大家都拿一樣多。韓尚民在旁邊聽到，就說我是豬，其他同學聽到都在笑，我覺得很生氣，後來我就自己一個人吃飯。」

「唉呀！你又只吃肉？媽媽不是要你均衡吃嗎？你吃你的份就好了，怎麼去多要呢？

就算同學說什麼，你也不用耿耿於懷，你就是這樣才會被大家笑。」

「媽媽怎麼這樣說我？媽媽也覺得我是豬嗎？」

「你還在想那個啊，快點準備明天的東西吧，別讓人操心！」

「媽媽好討厭！」

秀烷聽了媽媽的話，心裡覺得很難過。在學校被笑是豬已經讓他很生氣，媽媽非但沒有安慰他，還教訓他一頓，讓他覺得這個世界上沒有人站在他那邊。他甚至心想，如果明天還有人叫他豬，要不要乾脆揍對方一頓。整個晚上，他都覺得憤怒至極。

媽媽也像同學一樣，覺得他是豬嗎？絕對不是的，媽媽只是對受傷的孩子大小聲而已。當孩子展現出負面情緒時，父母也會趨向於負面情緒，因為父母會希望孩子都遇上好事，一旦事與願違，就會讓他們覺得難過。

也許媽媽只是希望幫助孩子修正行為，希望孩子改掉挑食的習慣，結果卻讓孩子聽了覺得憤怒。孩子在學校吃營養午餐，去多要喜歡的肉被拒絕，已經讓他覺得難過，然後同學還叫他豬，更讓他感到受傷。看著孩子如此不知所措，讓媽媽的心裡覺得複雜。

媽媽當然希望孩子一切都好，但為什麼孩子這麼不順遂呢？遇到這樣的狀況，為什麼孩子沒辦法豁達地處理？

孩子開心的時候，媽媽通常會回應：「哇，真的呀？」、「喔喔！」，但當孩子遇到負面情緒或狀況時，你會像秀烷媽媽一樣嗎？很多媽媽會希望矯正孩子，甚至教訓孩子一頓。然而，站在孩子的立場，這就如同雪上加霜一般，加重孩子的負面情緒，甚至會讓孩子覺得沒必要跟媽媽講了。

孩子表現出負面情緒（煩躁、憂鬱、受傷）時，必須優先處理孩子的情緒。孩子的情緒要先被接住、被安撫，但案例中的媽媽卻先生氣，壓抑情緒。

「怎麼又這樣？」

「又來了？你怎麼每次都像笨蛋一樣被欺負？」

若孩子的情緒沒有被安撫，孩子會開始頂撞媽媽、表現出不耐煩，也會慢慢累積不滿的情緒。日後有一天，可能就會爆發。

孩子處理不了在外面的情緒，而回家找父母時，正是大好的「機會教育」，也就是幫助孩子提升自尊心的時機。如果父母能夠好好接住孩子的負面情緒，日後孩子就能自己處理負面情緒，感受自我價值與安全感。因為對孩子來說，父母是值得信任的人，教他們理解自己的情緒，並且能幫助穩定心情，也會告訴自己該如何應對。自尊感之一的「安全感」，要在沒有負面情緒、穩定的情況下才能感受，因此父母如何應對孩子的負面情緒，就顯得十分重要。

“父母可以這樣做”

1 耐心聽完孩子說

孩子用不耐煩的表情和聲音說話時，父母很容易生氣，在那樣的狀況下，其實很難聽孩子把話說完。請在心裡這麼想：

「要好好聽，要把孩子的話聽完，不能生氣。」

好好聽話，才能教導孩子。

2 詢問孩子當時的心情

「阿姨說沒有多的菜時，你的心情怎麼樣？」

對孩子提問時，孩子可能會有些慌張或不開心，抑或覺得丟臉。請理解孩子，幫助他們了解自己的心情。

「很丟臉嗎？」其實阿姨並不是要讓孩子丟臉才那麼說。

「她不是要讓你生氣才那樣的。」

「她只是在說沒有多餘的菜這個事實而已。」

「因為大家都要吃營養午餐，所以必須公平分配呀！」

這麼說並不是要否定孩子的情緒，而是幫助孩子解開心中的誤會。

如果排隊輪到自己時，贈品剛剛好發完，有的孩子會心想：「為什麼我會遇到這樣的事？」甚至認為自己運氣不好。請幫助孩子，讓他們不要貶低自己，也不要隨便覺得自己被排擠。自尊可以建立在別人身上，但孩子自我建設也十分重要。

3 和孩子分享，如果朋友說自己是豬，該如何應對

朋友有可能只是開玩笑，或是想逗孩子笑，只是孩子還小沒辦法客觀評斷，因此媽媽需要透過對話，幫助孩子客觀思考，讓孩子能說出：「媽媽，我覺得他不是真的覺得我像

豬，只是在跟我開玩笑」。

如果孩子和媽媽對話，還是無法消除負面情緒，孩子就不會有對這個世界的安全感與正向感覺。相反地，如果孩子能透過和父母對話，學習健康地表達負面感覺，孩子就能提升自我、自尊。自尊感能幫助孩子信任這個世界，擁有自尊感的孩子，能以正向的心態面對世界、勇敢挑戰、享受成就感。

Column

與孩子的表達力練習

❶ 想吃更多時

「請給我多一點烤肉。」（×）

「今天的烤肉真好吃！可以再多給我一點嗎？」（○）

❷ 被拒絕時

「明明還有剩，為什麼不多給我一點？反正剩的食物不是要丟掉嗎？」（×）

「好的，因為實在很好吃，所以想說問問看。今天吃得很開心，謝謝。」（○）

❸ 朋友嘲笑自己是「豬」時

「我為什麼是豬？你才是豬！我不跟你吃飯了！」（×）

「（看著朋友）你這樣說話會讓人心情不好，別這麼說。」（○）

「（幽默地說）豬聽了會難過的！」（○）

05／和兄弟姊妹不合時的表達技巧

在一個陽光普照的週末，尹景和家人、朋友一家到附近的公園玩。尹景和朋友們要分隊玩遊戲時，其中一個朋友必須先離開。大家突然不知如何是好，這個時候，大家的目光落在尹景的妹妹藝景身上。尹景覺得要帶著妹妹一起玩很麻煩，但他感受到朋友的視線，所以這麼對妹妹說。

「藝景，姊姊們要玩遊戲，妳去找爸爸和媽媽。」

「姊姊，我也想一起玩，如果不能玩，我可以在旁邊看嗎？」

「不行，妳會妨礙我們，我叫妳去妳就去。」

朋友們聽聞後沉默了一陣子，彷彿在附和，讓妹妹頓時失望。妹妹因為姊姊的話和姊姊朋友們的反應，覺得全身無力，只好過去找爸爸媽媽。

爸爸：你怎麼不去玩，自己一個人過來？

藝景：……。

媽媽：怎麼垮著一張臉呢？

藝景：我想跟姊姊她們一起玩，但姊姊不讓我加入。我說我用看的也行，但姊姊說不行。姊姊真壞！

「今天在公園玩得開心嗎？」大家開心玩完回家後，媽媽對尹景這麼說。

「嗯！真得很好玩！下次還要去喔，媽媽！」

「好啊，尹景開心，媽媽就開心。但是呀，剛剛為什麼不讓藝景一起玩呢？藝景說她也想要玩呀！」

「啊，那個……，其實我們人數夠了，而且我只想和朋友一起玩。我不是討厭她，只是因為她年紀比較小，一起玩還要照顧她。」

「原來是這樣啊。」

其實媽媽想這麼說。「妳怎麼能覺得妹妹麻煩呢？怎麼能在朋友們面前趕走妹妹？在家打鬧沒有關係，但出去應該照顧妹妹呀！如果尹景隨便對待妹妹，朋友們看到也會覺得隨便對妹妹就可以了。尹景要好好對待妹妹，妹妹在外面才會被尊重。自己最珍貴的妹妹，如果有人對她不好，妳也會心情不好吧？以後不能再這個樣子，知道嗎？」

不過，其實媽媽也能理解尹景的心情。其他朋友沒有帶著妹妹，自由地玩耍，如果尹景讓妹妹加入，她就得分神照顧妹妹。媽媽決定先站在尹景的立場說話，接著再跟她說要和妹妹一起玩。

「尹景呀，讓妹妹加入有可能妨礙到妳們，會讓妳覺得對不起朋友吧？」語畢，媽媽想接著說：「但還是要跟妹妹一起～」，但尹景這麼說。

「媽媽，我下次會帶著妹妹一起玩，朋友在的時候，我會對她好一點。我該跟妹妹道歉嗎？」

「（擁抱）好，妳能照顧妹妹真是太好了，謝謝妳。」

“父母可以這樣做”

父母不應該指責說：「妳不能這樣對妹妹！」而是要說：「原來是這樣啊」，先聆聽孩子的想法和原因，再冷靜向孩子說明。媽媽的一句話，就能讓孩子自己思考。如果媽媽對孩子說：「妳應該要帶著妹妹一起玩！」可能反而讓孩子產生反感。如果媽媽聽了弟弟妹妹的話，就去教訓哥哥姊姊，會讓孩子對弟弟妹妹產生怨恨。讓人既愛又恨的人，向來都是「弟弟妹妹」。

案例中，尹景和朋友們一起開心玩的時候，妹妹一直靠近，確實可能讓她覺得很煩。如果父母能理解這樣的心情而不責備孩子，孩子自己也會對弟弟妹妹產生愧疚感，但若讓孩子感覺自己是「不和妹妹玩的壞姊姊」，孩子會討厭打小報告的妹妹，也會怨恨不懂事情緣由就怪罪自己的父母。無論如何，只要媽媽能冷靜聽孩子說話，孩子就會對媽媽產生信任感。

「媽媽還是愛我的」、「媽媽很認真聽我說」、「媽媽對我很好，我也要對妹妹好一點」當孩子能這麼想的時候，代表孩子更成熟了。孩子和父母學習說話方式以後，就會運用在和別人的對話之中，孩子也能感受到自己的成長。在這個過程中，孩子的自尊心也會提升。

能夠左右兄弟姊妹關係的人就是父母，因此當兄弟姐妹間有爭執時，端看父母如何處理。有時候孩子會有「我是不照顧妹妹的壞孩子」的罪惡感，因此必須先了解孩子的想法和原因，先理解再對話，幫助他們產生情誼。

不必直接告訴孩子：「你在其他人面前要對妹妹好一點，人家才會對妳和妹妹好」，孩子也能充分理解媽媽想要傳達的內容。

Column

與孩子的表達力練習

❶ 和朋友一起玩時，希望讓妹妹也加入

「你們為什麼不讓我妹妹加入？這樣我心情會不好。」（×）
「朋友們，我妹妹也想一起玩，好嗎？」（○）

先詢問朋友的想法，再問妹妹

「那我妹妹當裁判如何？」（○）
「妹妹，妳覺得呢？」（○）

如果沒辦法讓妹妹加入

「妳不要在這邊，會妨礙我們。」（×）
「妹妹，妳看我們玩可以嗎？」（○）
「（讓妹妹了解狀況）我們自己玩可以嗎？（聽妹妹回答）謝謝妳諒解。」（○）

❷ 和朋友一起玩時，妹妹靠近有話要說時

「妳沒看到我在玩嗎？」（×）

「妳有話要說嗎？等我一下，這邊結束聽妳說。」（○）

❸ 妹妹沒有禮貌時

（例）全家人在一起玩牌，爺爺出的牌很不好時

妹妹：都是因為爺爺害我們輸！

「妳怎麼可以對爺爺這麼沒禮貌！」（×）

在人多的時候教訓妹妹，會讓她覺得沒面子。

「妹妹，我有話跟妳說，過來一下好嗎？」（○）

移動到兩人的單獨空間後，再接著說。

「在爺爺面前不能這麼沒禮貌，因為～」

06／給同儕建議的自信說話技巧

民律很熱衷學習，上很多補習班，有一天下課後，他去找朋友玩。雖然他很喜歡跟朋友玩，但也無法放棄學跆拳道、電腦和英文，所以有時候跟朋友約會遲到，總是朋友在等他，而他也總是在向朋友道歉。

這一天，民律跟朋友說因為補習班的關係，可能會晚十五分鐘到，要朋友們先自己玩。下課後他立刻去找朋友，但許俊的表情看上去不太好。

「李民律，你每次都一定要遲到？」

「啊……對不起，因為補習班的關係。」

「我是為你好才這麼說。你跟我們約，從來沒有遵守約定。」

「確實是這樣，但我也不是故意的呀！你怎麼這麼說。」

「你自己想想看。看你是不要去補習班，還是不要約我們。為什麼你都隨心所欲？只有你很忙嗎？」

「我怕你們等我，每次都有先傳訊息。結束後也都立刻過來，你們真是太過分了。我要回家了，你們自己玩。」

民律本來不是這麼想的，但因為聽了許俊的話，讓他氣呼呼地回家。他不是為了為難朋友才晚到，他都儘量先知會大家，也盡力趕往，但朋友卻不懂他的用心良苦。

「兒子，發生了什麼事？」

「沒有，爸爸。」

「你的表情看起來不太對呀？要不要跟爸爸說說看？」

「爸爸，我因為去補習班，跟朋友的約常常遲到。如果會遲到，我都會先跟大家說，但今天許俊卻說我每次都遲到，不如不要去補習班，或是不要跟大家約。我有做錯什麼嗎？我知道，他們是為了我好才說的，但我聽了覺得心情很糟糕。」

「我們民律一定很難過，你這麼努力念書，也盡力跟朋友相處。」

「就是說啊，我現在有點後悔跟他們要好，也不太想去補習班。」

「要不要聽爸爸的故事？」

爸爸跟民律說了印度甘地的故事。

有一天，一位媽媽抓著孩子的手去找甘地。那位媽媽對甘地說：「請告訴我們家的孩子不要吃糖。」他認為甘地的一句話，就能改變孩子。甘地聽了跟她說：「請你三天後再來」。

「孩子，別吃糖了。」三天後，媽媽帶著孩子，再次找上甘地。

「這番話您三天前就可以說了呀！」媽媽聽了很訝異，這麼詢問。

「三天前我也在吃糖。」甘地這麼回覆。

“父母可以這樣做”

說完甘地的故事後，爸爸跟民律分享關於「給別人建議」這件事。如果說得不好，說的人和聽的人都會受傷，自尊心也會降低。如果表達得好，聽的人能夠接納，對雙方都有益，也能幫助對方了解不足之處。

其實「給建議」對聽者而言是酸語，要接納並不容易。對講者來說也是如此，即使苦惱許久、小心地說，也不容易真實傳遞自己的想法。即使如此，還是務必教導孩子如何在顧慮對方的前提下提供建議。

「聽了甘地的故事，你有什麼想法？甘地也可以隱瞞自己在吃糖這件事，跟孩子說吃糖會蛀牙，以後不要吃。但他為什麼那麼做？」

「那是因為有良心吧？大人如果自己在吃糖，怎麼能跟小孩子說不能吃。尤其像甘地這樣優秀的人，更不能這樣。」

「爸爸也這麼覺得。俗話說『五十步笑百步』。」

「嘻嘻，我懂了！媽媽之前也有說過類似的事！看不到自己的缺點，只看得到別人的缺點，對吧？自己明明犯大錯，卻一直講別人的小失誤。」

「哇，你還記得呀？媽媽說的沒有錯，自己沒有失誤時，才有資格建議別人。我們難免遇到要給別人建議，或是需要聆聽別人建議的時候。給建議的時候，要像甘地一樣謹慎。雖然，許俊說的話讓你不開心，但朋友們也是想要早點和你玩，所以才會那麼說。如果他用溫和一點的口氣跟你說，你的心情就不會這麼糟糕。」

孩子必須明白，「建議」不該讓雙方自尊降低，而是要讓彼此提升自尊。請幫助孩子，讓他們聽到建議時不會做出極端的反應，也不會不開心，而是真誠地說：「謝謝你告訴我」、「謝謝你給我建議」。這件事並不容易，但孩子必須學會，才能擁有寬闊的心，也不會誤會別人的話。

對朋友建議時，必須要考量①是否為了對方、②是否對雙方都有幫助、③並非為了指責過去，而是為了未來更好。以這樣的基準去思考、給建議，能夠讓自己更慎重，也避免傷害雙方的感情。

聆聽建議的時候也一樣。如果聽到別人給自己建議，也要思考對方可能以這樣的基準反覆苦思後，才勇敢說出建議，因此應該要以感恩的心情聆聽。

如何正向傳達建議

You-message 你傳達法—「都是你的錯！」

「我是為了你好才這麼說。」（×）

「你到底為什麼這樣？」（×）

I message 我傳達法－「這是我的想法。」

「如果可以～就好了。」（○）

請讓孩子知道，聽到建議的人可能感受不好，說的時候要更慎重一點，並且記得考量對方的感受。

Column

與孩子的表達力練習

1. 給建議、忠告時，要設立基準

❶確認給建議的理由

「我為什麼要給建議？」

❷思考該如何傳達

注意口氣、表情、態度、肢體動作等。

「我是為了你好才說」一邊指著朋友，或用教訓的口氣說話（×）

❸檢視建議的客觀性

・以自己的想法、基準提出建議（×）

・為了朋友或自己，客觀給予建議（○）

❹適當的建議

・如果不是為了指責過去，而是要為了讓現在或未來更好，使用「I Message」，以「我」為主語說明。

「和你一起做作業很好，但你沒有遵守時間，讓我很受傷。（我以後也想和你一起做作業）」（○）

• 如果想要和對方斷絕關係，就失去了建議的意義。

「因為這個原因，我沒辦法再約你。」（×）

「因為這個關係，我不想和你當朋友。」（×）

❺ 朋友接納建議後，向朋友道謝

朋友接受建議，代表認為自己說的話很珍貴。

「朋友，謝謝你好好聽我說。」

2. 如果朋友總是不遵守約定，可以這麼做

如果對方反覆出現這個狀況，請先好好思考再說。

❶ 提出建議前先檢視自己

「我有好好遵守約定嗎？」

如果確定自己是好好遵守約定的人，就能建議朋友。

❷給建議時，表情要溫和，並用冷靜的語氣說

「朋友，我有件事想跟你說。」

❸預先猜想朋友的反應

如果對方無法接受建議

朋友說：「你也曾經沒遵守約定，還說我！」時：

「才沒有！我什麼時候那樣？」（×）

「是啊，我也曾經那樣，我也會努力。」（○）

「謝謝你告訴我。」（○）

朋友感謝建議時

如果朋友針對建議表示感謝，這樣回覆：「其實我也很難說出口，你這麼說我也覺得很謝謝」，向對方表示感謝。

3. 給建議、聆聽建議的態度

❶ 給建議前

「這麼說是為了雙方好嗎？」

「如果朋友誤會我的建議，也不能失望。」

❷ 給建議時

「說建議時不能責備朋友。」

「要用溫和的語氣和表情小心說。」

❸ 聽完建議後

「朋友一定也是想了很多才跟我說。」

「朋友不是要來找碴，而是為了我好才這麼說。」

【第五章】

幫助孩子說話有條理的技巧

01／運用六大問句，把話表達清楚

「媽媽，他買這個給我！」

振賢回家後，把書包丟在沙發上，開心地對媽媽說，不過媽媽並不知道「誰」、「買了什麼」。振賢手裡拿著裝辣炒年糕的紙杯，嘴邊沾著一點辣炒年糕醬料。雖然不知道是誰請客的，但應該是朋友請了辣炒年糕，不過這只是媽媽的猜測而已。遇到這樣的狀況，該如何處理呢？

這時候，媽媽該詢問振賢：「朋友請你吃辣炒年糕嗎？」還是問：「他是誰？說明白點呀」？

孩子沒辦法像大人一樣有條理地說明，尤其像振賢一樣處在情緒高漲時，更沒有辦法好好說話。請教導孩子運用六大問句——「誰、什麼時候、在哪裡、做什麼、如何、為什麼」講話。透過六大問句可以提升說話傳達能力，也能提高信賴度。

如果孩子去頭去尾地說，媽媽可以運用六大問句再次詢問。

「你這麼說，媽媽怎麼會懂呢？」

如果反駁孩子的話，可能會終結和孩子的對話。媽媽要先示範給孩子看。

「誰買東西給你，讓你心情這麼好呀？」

聽到媽媽這麼問，振賢開心地回答。

「媽媽，你知道我的朋友宰民吧？他今天請我吃辣炒年糕！我真的很想吃吃看，但不想要自己一個人吃！」

原來是朋友宰民請客，現在已經知道是「誰」了，接著媽媽繼續附和。

「喔？朋友宰民買杯裝辣炒年糕（什麼）給你呀？」

很好奇「在哪裡」、「為什麼」吧？朋友請客也許有原因，可以這麼詢問。

「宰民為什麼請你吃辣炒年糕？」

「我昨天跟他說學校公告，他為了答謝，請我吃文具店前面的辣炒年糕。」

這麼一來，六大問句就自然形成了。六大問句沒辦法一次出現在對話或回答中，不過如果孩子習慣說：「他、這個、那個」，說話的準確度會降低，專注力也會減弱。父母說話時，要下意識儘量使用六大問句，幫助孩子能在說話時清楚表明「誰、什麼時候、做什麼」或「誰、在哪裡、為什麼、如何」。

父母可以這樣做

在日常生活中，沒辦法時時都使用六大問句，但要儘可能避免遺漏傳達內容時的必備要素。讓孩子知道六大問句，在腦中先整理自己的想法，能幫助孩子更慎重、更正確表達。透過六大問句，也能幫助孩子提升語言理解能力。

「六大問句就是～」

「說話的時候要清楚表達『誰、什麼時候、在哪裡、如何、做什麼、為什麼』。」這樣說明對孩子來說太過困難，會讓孩子覺得一個句子要放進太多內容，反而產生抗拒。

當振賢只說：「他買這個給我！」時，媽媽可以詢問：「在哪裡、為什麼、買了什麼」，也就是六大問句中的重要要素。孩子回答時，也有可能漏掉「為什麼」，說成：「朋友宰民今天放學在文具店前面」之類的不完整句子。

以六大問句提問

「所以為什麼請客？」（×）

「宰民為什麼請你吃辣炒年糕？」（○）

孩子回答問題後，媽媽幫忙再次整理，有助於孩子學習六大問句。

「這樣呀！宰民今天放學在文具店前面買辣炒年糕請你呀！難怪你的心情這麼好。」

再舉個例子吧？如果孩子一回家就說：「他真的很壞！」，與其詢問「怎麼心情不好？」、「他是誰？」、「你們怎麼了？」，不如以六大問句慢慢詢問。

「為什麼心情不好？」（為什麼）

「和誰發生了什麼事？」（誰、什麼事）

詢問後，如果孩子回答：「我沒有做，但朋友撒謊說我有做」，再往下繼續問。

「什麼時候、在哪裡、是什麼狀況，可以說清楚一點嗎？」

自然將「什麼時候、哪裡、是什麼狀況」融入對話中，能幫助父母了解孩子要表達的事情，也能讓孩子練習正確表達。

如果孩子懂得整理自己想說的話，就能減少被反駁的機會。如果孩子常被說：「說清楚一點」、「你到底在說什麼」，孩子可能會認為自己不會表達。

「你這樣說，我完全不懂」如果這麼告訴孩子，對孩子一點幫助也沒有。而且會讓孩子喪失自信，困在這句話中，愈來愈無法進行邏輯表達。請幫助孩子練習表達，讓孩子在想法複雜時、負面思考強烈時，也能慢慢說明事情前因後果。

Column

與孩子的表達力練習

逐步進行有條理的說明

「媽媽，他買這個給我！」（×）

→增加「誰、什麼時候、在哪裡、如何、什麼」：「媽媽，朋友宰民今天放學在文具店前面買辣炒年糕請我！」（〇）

→增加「為什麼（理由）」：「宰民想跟你一起吃辣炒年糕呀！」（〇）

「我昨天跟他說學校公告，他為了答謝，請我吃文具店前面的辣炒年糕。」（〇）

【小秘訣】和孩子的說話練習

❶ 將句子分區塊

（開心地）（宰民）（星期天白天）（和爸爸）（去公園）（散步）

→宰民星期天白天開心地和爸爸去公園散步。

（和媽媽、爸爸）（大象）（去動物園）（振賢）（看）（星期六）

↓振賢星期六和媽媽、爸爸去動物園看大象。

❷掌握童話書的內容

父母指導孩子：「想想看主角的名字、在什麼地方發生了什麼事情。有什麼狀況和事情呢？是昨天的事，還是一年前，又或是明天才會發生？想想看發生的時間點。」

孩子想法：「這本書中最重要的是什麼？主角、什麼時候、在哪裡、發生了什麼事情，都要記起來。怎麼解決也很重要。」

❸閱讀童話書之後做總結

閱讀文字量不大的童話書後，請孩子用幾句話簡單總結給媽媽聽。句子中加入六大問句，有助於孩子練習造句。

02／教導孩子被提問時，確實傳達的說話技巧

老師：各位同學，放假過得如何呢？宇朱放假做了什麼呢？

宇朱：我都在玩。

老師：怎麼都在玩呢？應該要過得充實一點呀！那妍珠呢，做了什麼呢？

妍朱：老師，我可以說我放假去哪裡玩嗎？

老師：好，你可以說去哪裡，並且在那裡做了什麼。

妍朱：我放假時和爸爸媽媽去濟州島，在那裡有看到馬，也有吃黑豬肉。我們還有搭透明的小船，非常好玩！

老師：應該很開心吧！妍朱放假過得很充實呢！

妍朱：對呀！觀賞海裡真的是很特別的經驗。

孩子在日常生活中會遇到各種問題。當老師詢問同樣的問題，不同的人就會有截然不同的回答。

雖然兩位同學都回答了老師的問題，但回答的內容和溫度全然不同。宇朱說「都在玩」，老師並沒有稱讚和回應，甚至可能留下「這個孩子放假過得不充實」的印象。

另一方面，妍朱很認真聽問題，並且努力回答老師，也因此被老師稱讚「放假過得很充實」。

如果父母是老師，會希望孩子怎麼回答呢？提問的人，當然會希望對方做出適當的回答。這麼一來，提問的人會感到滿足，回答的人也會被認同。老師提出好問題非常重要，孩子回答的態度也同樣重要。你們家的孩子被問問題時，會展現出什麼態度呢？請教導孩子被問問題時，要確實傳達訊息及提升記憶點。

適當的回答、好的回答是？

老師向孩子提問，孩子們仔細聆聽老師的問題。老師：「說說看你最喜歡的顏色和喜歡的原因」。

「老師，要說喜歡的顏色和為什麼喜歡嗎？」孩子們有禮貌地確認。

「沒錯。」正確理解問題的孩子能有條理地回答。

「老師，我喜歡黃色，因為黃色有溫暖的感覺，也會讓我想起鬱金香、迎春花等漂亮的花朵，讓我覺得心情很好。」老師稱讚孩子。

適當的回答、好的回答是什麼呢？是能將自己的想法適當整理、流暢表達固然好，不過只要能理解提問者要問的問題，針對內容回答，就算口才不是很流暢，也都稱得上是好的回答。

想要回答得好，必須先仔細聆聽問題。被問問題時，要專注於提問者的表情，因為表情也是一種語言。請以老師和孩子提問的狀況，和孩子一起練習說話。

第一階段：老師提問

「旅行時覺得最好吃的東西是什麼？」

被老師提問時，要仔細聆聽並點頭示意，再進行反問。確認理解問題後再回答，能提升回答的正確性。

第二階段：孩子提問

「老師，您是詢問旅行中吃到最好吃的東西嗎？」

透過提問，能幫助正確掌握問題，提升理解能力，同時也能給人「有認真聆聽問題」、「有誠意」的印象。

第三階段：孩子回答

「旅行中吃到最好吃的東西是～」

大家都會對認真聆聽自己說話（提問）、做出反應（回答）的人有好感。積極回答問題的孩子和有條理回答的孩子，在老師和同班同學眼中都會留下好印象。被大家認同的孩子會產生成就感，也會更享受校園生活。

父母可以這樣做

請告訴孩子，被問問題時要看著提問者，並點頭示意，表現出認真傾聽的態度。接著確認提問的內容，幫助提升問題理解能力。

如果被問到不知道的問題，很難立刻回答時，可以說：「老師，我想一下再回答」，這麼一來，提問者也會思考自己的問題是否太過困難，讓他們有機會重新考慮問題的說法、重新提問。

一般來說，老師會要孩子「好好思考後再回答」，不會具體說明內容。這個時候，就是要讓大家好好思考問題並反問的時間。

此外，也可以教導孩子發言的方法。回答時，可以簡單說「那是～」，但在重要場合或上課時，這麼回答會更好。

「關於這個問題，我覺得～」

這樣的回答，會讓提問者更加專注。說話展現了一個人的人格和品格。孩子回答問題的態度，決定了提問者的專注程度。自己回答時，如果對方（老師、同學們）專心傾聽，也會有被尊重的感覺。

根據回答者的態度，提問者可能會二次、三次發問，也有可能只是形式上的發問，結束後就繼續問其他同學。重要的是孩子被問問題時，所展現出的態度。

孩子回答時，會被提問者和其他人關注，讓孩子更有自信、更有條理地回答。教導孩子聆聽問題和回答問題時的態度，能讓孩子成為會表達的孩子、受矚目的孩子、成為被認同的孩子。

Column

與孩子的表達力練習

❶傾聽問題並點頭示意

表現出「正在認真聽」十分重要。

❷將問題放入回答中，正確回應

問題：「說說看你最喜歡的顏色和原因。」

回答：「我最喜歡的顏色是～」

❸其他回答問題的方法

完全理解問題時

「老師詢問的○○～」、「我認為～」

沒有想到適當的回答時

「我仔細想想後再回答。」

不太理解問題時

「不好意思，可以麻煩再說一次嗎？」

03

教導孩子明確說出自己的想法

世賢被燦熙的螢光筆吸引，他很喜歡那支筆的顏色和外型。他想要借來用用看，但因為不知該如何開口，所以假裝不知道上前詢問。

「這是什麼啊？」

「這個？你不知道嗎？螢光筆呀！」

「誰不知道？只是問問看。」

「知道為什麼還問？」

世賢並不是故意要鬥嘴的，但對話不知不覺轉往其他方向。世賢想要摸摸看燦熙的螢光筆，如果對方同意，他也想用用看。

小學低年級的孩子經常會遇到不知道該如何表達自己的想法，或不知道如何詢問好奇的事情的狀況。有時候他們開口的方式會彷彿要跟對方起爭執，導致他們得到「你到底想講什麼？」、「你問這個幹嘛？」的回應。當對話不如預期，孩子會顯得十分慌張。經常遇到溝通狀況的孩子，極有可能是無法正確表達自己的意圖，因此必須好好教導孩子。

“父母可以這樣做”

請教導孩子如何正確傳達自己的想法。世賢對燦熙的螢光筆很感興趣，但螢光筆的主人燦熙完全無法感受到他說話的意圖。

世賢想要摸摸看、用用看那隻螢光筆，遇到這樣的狀況，該如何跟對方開口呢？

想要用用看朋友的東西時

「燦熙，那支螢光筆好酷，我可以摸摸看嗎？」

「燦熙你的螢光筆好酷，我可以用用看嗎？」

世賢如果說：「我想用用看那支很酷的螢光筆」或「我想知道那支螢光筆在哪裡買的」，話中即包含意圖。雖然也可以直接說：「借我那支螢光筆」，但如果說：「我可以用用看那支螢光筆嗎？」用勸誘的方式詢問，會顯得更加溫和。

這裡要特別注意，避免在詢問「我可以摸摸看嗎？」的時候就伸手抓對方的物品，這一點大人有時候也會失誤。如同前面第三章所述，詢問時要等待對方同意，並且等對方親自將物品轉交過來，這是基本的禮儀。

徵求同意時

「詢問完，對方還沒同意，可以直接動手拿嗎？」

「詢問過後要等待朋友回應。」

依狀況不同，有時候不會用問句，而是直接講出自己的想法。一起來看看書美的例子。書美覺得寶拉正在吃的麵包看起來很好吃，想吃一口看看。書美猶豫了一下後，開口問寶拉：「好吃嗎？」寶拉只回答：「嗯，好吃」，沒有接著問她要不要吃。

書美回家後這麼跟媽媽說。

「媽媽，寶拉很小氣。上次我有分她吃點心，她今天沒有分我吃麵包。」

這個時候，媽媽該如何回應呢？

「怎麼這樣呢？我們家書美一定很難過。」

如果媽媽這樣回應，只是回應孩子受傷的心理而已，並沒有教導孩子。

「你可以跟她要呀！你上次也有分享不是嗎？」

這樣說也只是指責過去的事情。

請先仔細說明狀況，這麼做才能讓孩子好好學習該如何說話。書美想要吃一口寶拉的麵包，這個狀況比起問答，直接精準傳達自己的想法會更好，因為在對話的過程中，對方可能就吃完了。除了「你可以跟她要呀！」之外，還可以教導孩子更具體的表達方式。

想要吃朋友的點心時

「那個麵包看起來很好吃，我想吃一口看看。」

「寶拉，我想吃吃看一口，分我一口。」

如果父母能根據孩子的說話能力教導，孩子會學得更快。教孩子表達自己的想法時，要特別注意，即使提出要求，也可能被對方拒絕。即使孩子表達得再正確、再精準，對方都未必會全然同意。孩子的想法被拒絕時，可能會覺得慌張或受傷，因此也要教孩子被拒絕時該如何回應。

孩子面對他人的要求，也未必要無條件同意，每個人都有決定的權利。如果孩子能了解這個道理，孩子被拒絕也不會受傷，並且能維持健康的關係。

對方有權選擇是否接受提議

「即使你好好講，對方還是有可能拒絕。」

「朋友拒絕時該如何回應呢？」

Column

與孩子的表達力練習

❶ 需要正確表達自己的想法時

想跟朋友借東西時

「○○，可以借我橡皮擦嗎？」

使用後會立刻歸還，或是上課期間要繼續使用

「○○，今天上課期間可以跟你一起共用橡皮擦嗎？」

❷ 比起詢問，直接要求更好時

- 想想看你們是不是那樣的關係。
- 先說明自己的狀況。
- 以抱歉的心要求。

「○○，我也想吃吃看，分我一口。」

「○○，我忘記帶橡皮擦。不好意思，今天上課期間要跟你一起共用橡皮擦。」

❸不如自己所想時

・不要覺得丟臉，不要怪罪朋友。

・接受或拒絕都是對方的決定，要予以尊重。

「摸一下又怎樣，真小氣！」（×）

→「沒辦法呀，不好意思（讓你為難）。」（○）

04／給人好印象的自我介紹表達方法

新學期開始，總讓人緊張不已。剛升小學二年級的佳動，觀察著重新分班的同班同學，心裡覺得飄忽不定。這時候，老師走了進來。

「大家看起來很不錯喔！有的同學之前就同班了，也有些是新的同學。一起來認識一下同學吧！大家到前面自我介紹好嗎？」

「……。」

「那麼，金佳動先來。」

佳動第一個被叫到。佳動平常很活潑，有不少朋友。他口才不錯，也很會察言觀色，很受同學歡迎。同學們都很期待佳動的自我介紹，然而，佳動的表情卻有些尷尬。

「老師……站著講嗎？」

「對，既然要介紹，就到講台前面，讓大家都能看到。」

「嗯……大家好，我叫金佳動。啊……那個……我是一年一班的……。」

在大家面前講話，本來就讓佳動覺得很緊張，竟然還要自我介紹！他說了自己是一年一班以後，想不到要繼續接什麼話。雖然他平常很活潑、很會交朋友，但想到要自我介紹，他不禁心想：「自我介紹？要怎麼介紹？要說我住在哪裡嗎？還是說我有哥哥？好像會臉紅，真丟臉！」他左思右想，就這麼過了一分鐘。

即使只是簡單介紹，如果能好好收尾，老師就會讓他回到座位上，但佳動左看右看，彷彿還有話要說，所以老師留時間給他。不過，佳動只覺得很慌張，根本無從察覺老師的好意。

「老師為什麼不讓我回座位？我要站到什麼時候？真難受，好想趕快回去。大家一定覺得我像笨蛋，完蛋了。」

同班同學宋旻也許察覺到他的心情，說了這麼一句話。

「金佳勳，說完就回來吧！好無聊！」

「怎麼說同學自我介紹無聊呢？不可以這樣。佳勳同學，如果講完了，就可以回到座位上。」

佳勳回到座位上後，看了宋旻一眼，覺得有點受傷。

「佳勳，怎麼跟平常不太一樣，你怎麼了？不舒服嗎？」

「沒有啦，沒事。」

第一印象非常重要，但佳勳一開始就給同學軟弱、傻呼呼的印象，這讓他覺得十分懊惱。他挺著腰坐在位置上，腦中思考著要如何躲避今天的危機。

「要不要裝病，去保健室一趟？」

佳勳覺得心情很複雜，完全聽不進其他同學的介紹。

“父母可以這樣做”

上台發表的實力並非取決於口才能力。雖然口才不佳會讓演說變得有些困難，但大多是發生在因為上台發表覺得緊張、腦中一片空白的孩子身上。佳動的狀況也是如此。他的個性活潑、結交很多朋友，在朋友間總是主導著氣氛，但遇到上台發表時候卻不是如此，尤其是遇上連講話高手都深感困難的「自我介紹」，更是雪上加霜。

如果在腦海中先演練過，就不會這麼緊張。自我介紹這件事，其實不如想像中簡單，不過只要充分練習，可以表現得比發表還要好許多。像面試等狀況，因為不知道題目，很難事先練習，但自我介紹只要花時間，就能充分演練。

要介紹自己，必須先仔細思考自己，了解自己的優缺點。好的自我介紹可以帶給大家好印象，一起幫助孩子有條理地介紹吧！

首先，必須知道在時間內必須說什麼。為了應付各種狀況，可以讓孩子練習一分鐘、三分鐘、五分鐘等的自我介紹。自我介紹的內容，平時可以多跟孩子聊聊。

譬如「你是誰呢？」

這是很重要的問題，我們是誰呢？請對孩子提問，讓他們想想看自己。除了名字、年紀、父母、兄弟姊妹、興趣等等之外，還有什麼可以說明呢？

用提問檢視自己

「不知不覺已經二年級了，回想一年級，有什麼感覺？」

「自己最擅長、最有自信的事是什麼？」

「最近感興趣的事情是什麼？」

Column

與孩子的表達力練習

以下為自我介紹的範例。

第一階段：了解自己

爸爸：你是誰？

孩子：我叫金佳動，住在幸福公寓，我有一個哥哥，我就讀幸福國小二年四班。

請以輕鬆的氣氛詢問孩子，不用限制時間，可以反覆練習。父母也可以一起參與。

「媽媽是～」

「爸爸是～」

如果不好意思開口，或覺得難為情，可以在紙上寫下關鍵字或短句，父母同樣可以一起參與。寫下家人間的回憶、自己喜歡的卡通人物或動物、特別的回憶、興趣或價值觀、現在目標、未來目標等，並挑選出希望強調的部分。

「你想強調什麼？」

「媽媽，我想說明我的名字，也想說我喜歡的東西。我的房間有好多我珍貴的樂高，我想跟大家炫耀一下。」

教導孩子可以像佳動一樣，說明自己的興趣，或想要跟大家分享的東西。只要不是以太過得意忘形的語氣或表情，對初次見面的朋友介紹長處或展現優點，有助於讓對方了解自己。此外，也可以思考喜歡的運動、想學的東西、有自信的科目、今年目標等，和父母一起討論，練習整理想法。如果好好思考、練習過關於自己的事情、回憶、計畫等，即使再怎麼緊張，也能冷靜說出來。

第二階段：完成一分鐘、三分鐘、五分鐘的自我介紹

確定自我介紹的關鍵字後，就能開始練習一分鐘、三分鐘、五分鐘的

自我介紹。進行一分鐘自我介紹時，不用多加說明不必要的資訊，只要講重點就可以了。舉例來說，在全班同學面前，就不用說明自己幾年幾班。完成一分鐘、三分鐘的自我介紹後，就能開口練習。

【小秘訣】與孩子練習重點

第一階段：自己站在鏡子前面練習（確認表情、動作等）
第二階段：在家人面前自我介紹
第三階段：將自我介紹錄音
第四階段：聆聽錄音，確認聲音大小、語速、強調部分、講述內容
第五階段：錄影練習

第三階段：和家人演練

熟悉自我介紹內容後，和家人一起將自我介紹錄影下來。這麼做能幫助孩子練習，父母也能提升表達實力。錄影後的影片，日後也能留存，成為家人間的重要回憶。透過影片，可以檢視表情、姿勢、語氣、語調、語

速等，重要的不是內容完整無誤，而是堂堂正正的態度、自信和開朗的表情等。

【小秘訣】父母指導重點

❶ 父母先站在攝影鏡頭前面。

❷ 不能批評孩子的行為、講話、自我介紹內容。

「你站那麼斜，身體會晃動，看起來很沒有自信。」（×）

❸ 彼此給意見，討論怎麼講比較好。

「挺胸、腿微開站著講，看起來比較穩重。」（○）

05

教導孩子思考後再說的重要性

「你先想一想，再分享一下。」

「你到底有沒有在想？」

「你怎麼這樣（想都沒想就）說？」

對方說完話後，你是否曾有這樣的反應，或在心裡暗自嘀咕？這些話任誰聽了都不會開心，即使自己的發言毫無邏輯，聽到這樣的回應，還是會讓人喪失自信。

怎麼想、怎麼說，都會影響對方接收到的資訊，對方對你的評價也會不同。一起來看看允書和智雅的故事，瞭解為什麼要先思考後再說吧！

允書和智雅是非常要好的朋友。允書真的很喜歡智雅，她們的興趣相投，聊起天來很開心，難過的時候也會通電話，分享心情，讓壞心情煙消雲散。她們是彼此很珍貴的閨蜜，但有一點允書覺得很不滿意，那就是智雅的講話語氣和表達方式。智雅總是有說反話的習慣。

有一天，允書收到父母給的生日禮物，那是她一直很想要的鞋子。為了得到這個禮物，她認真打掃房間，也確實遵守和父母的約定。收到禮物過兩天後，她穿著新鞋到學校去，向智雅炫耀一番。

「智雅，你覺得我的鞋子怎麼樣？」

「你又買新鞋？你錢很多嗎？」

智雅的話，讓允書覺得很難過。「你又買鞋子了？」聽起來相當刻薄，「你錢很多嗎？」更讓人覺得刺耳。允書覺得很難過，甚至想流眼淚。她其實希望聽到智雅的稱讚，但智雅這麼說話已經不是第一次，讓她積累的情緒即將爆發。難道允書會不知道她想炫耀自己的鞋子？她們兩個是好朋友，沒有道理不知道。允書覺得心情很不好，她不懂智雅為什麼可以說出那種話，於是她脫口對智雅這麼說。

「妳怎麼可以想都沒想就說那種話？妳不懂我嗎？這不是我買的，是爸爸、媽媽買給我的生日禮物！我只是想要跟你炫耀一下，想聽妳的讚美……」

智雅看到允書的反應，臉紅了起來，因為她並不是那個意思。她也不知道自己為什麼那麼說，允書提高音量對她發火，讓她覺得很慌張。其實智雅也很清楚自己的說話習慣不好的問題。

「允書，為什麼我說出來的，跟我想的不一樣呢？」

允書曾經告訴智雅說話的毛病，但她並沒有謹記在心，結果傷害了她最要好的朋友，這一點讓她覺得很不好意思。

觀察孩子的說話語氣和態度，可以發現許多孩子都有像智雅一樣說反話或隨口回話的習慣，他們總是事後才後悔。說話習慣一旦養成就很難改正，因此最好從小培養。大人有時候也會不經意脫口而出，事後才懊悔說：「我不是那個意思……」。

「今天是什麼日子？穿得這麼特別？」

太太為了迎接結婚紀念日精心打扮，先生看到以後這麼詢問太太。太太聽了以後覺得很委屈，眼淚瞬間在眼眶裡打轉。

「你真是不會看臉色也不會說話，明明內心很溫暖，講出口的話卻滿是刺。」

其實先生平時發現太太的打扮特別時，不會說：「今天真美」而是說：「怎麼打扮成這樣」，說話習慣一旦養成，就很難改變。

說話和思考是不可分離的。很多人會爭論在嬰幼兒階段是「先發展認知再學說話」或「語言早於認知發展」。有的人認為要先發展認知，才能說好話，也有的人認為很會說話的孩子認知發展得比較快。這就如同「先有雞？先有蛋？」的爭論般無解。在我們的成長過程中，我們並不會特別思考，自然就能說出自己的想法。

不過，對小學低年級的孩子來說，要整理好想法並有條理地說明，並不是一件容易的事。很多孩子經常不經思考就脫口而出，但也有的孩子被認為「深思遠慮」，兩者的差異就在於「說話習慣」。想到什麼就說的孩子，即使想很多，也會被認為是「不思考的孩子」、「亂說話的孩子」。

智雅的情況就是如此。即使心地善良，但有時候出自非本意的話會傷害朋友。如果養成先思考再說的習慣，大家就會認為他是「很會思考的孩子」，如此一來，孩子既不會傷害朋友，也不會發生因為自己的話導致自己陷於不利的狀況。

父母可以這樣做

因為不經思考脫口而出的話，造成彼此誤會、受傷的事，只會發生在孩子身上嗎？大人也有這樣的狀況。智雅的媽媽額頭飽滿且沒有任何皺紋，大家都覺得很羨慕。有一天，智雅的爸爸看著智雅媽媽說：「妳的額頭飽滿，應該很好打」。智雅媽媽聽了嚇一跳，而智雅的爸爸可能沒有料想到她會嚇到，他只覺得這樣的表達直率又有趣。但智雅媽媽的反應，反而讓智雅的爸爸因為說出「妳的額頭真飽滿」這句話而難為情。

還有一次，某天智雅媽媽的皮膚看起來特別好。

智雅的爸爸說：「你的臉像是從油裡撈起來一樣光滑」，彷彿在稱讚般。智雅媽媽忍不住這麼說。

「你怎麼這樣說話？我一直努力不要誤解你，但你時不時就來開我玩笑。」

「這是稱讚你皮膚好呀？你不知道嗎？年輕人都這樣說，你怎麼比我還不懂。」

先生覺得自己在稱讚，但太太卻對他的語氣很不滿。其實只要仔細聆聽一個人的話，就能理解大家說的各有道理。智雅爸爸說的話也是如此，只是智雅媽媽聽來不是這樣。如果聽的人接收不到本意，那還稱得上是好話、適當的話嗎？

孩子必須要有善於聆聽的耳朵，而「聆聽的耳朵」主要透過父母的對話學習。一起來感受一下這樣的狀況，對方會有什麼感覺。

思考對方的心情

「先好好思考自己要講的內容再表達，能減少雙方的誤會。和朋友講話的時候，正確傳達自己的意圖很重要，但也要想想朋友希望聽到什麼樣的話。你穿新鞋子到學校時，朋友說『你又買新鞋？你錢很多嗎？』和『你的鞋子真漂亮！』，想想看哪一句話聽起來比較動聽呢？」

Column

與孩子的表達力練習

1. 先想好要說明的內容再表達

不是先說：「你又買新鞋？你錢很多嗎？」，而是要好好思考想要傳達的內容。

❶ 如果想稱讚鞋子漂亮

「你的鞋子真漂亮。」

❷ 如果想要關心對方買新鞋

「又買了？」（×）

「你買新鞋呀！真好！」（○）

❸ 如果好奇朋友是自己存錢買，還是父母買的

「你錢很多嗎？」（×）

「你自己存錢買的嗎？還是父母買給你的？」（○）

2. 先思考怎樣的話聽起來比較好，再說出口

覺得朋友的新鞋很棒時

A：「哇！好棒！」、「看起來很不錯！」

B：「你很多錢喔！」、「你又買新鞋了？」

怎樣的話聽起來比較好呢？想想看聽到這樣的話，心情覺得怎麼樣？自己說出口的話，要讓對方聽了覺得舒服。瞭解好話、適當的話是什麼，就能先思而後說。

06／教導孩子需要表達想法時的說話態度

詩雅的生日比同學晚一點，年紀小大家一些，而且生性害羞，不過她很積極融入團體，樂於和大家一起玩。或許是因為她從四歲就開始上幼兒園，經常和朋友相處，學校生活也愉快，所以從來沒有吵說不要上學。不過，最近她開始說自己不想去學校，一開始詩雅的媽媽以為只是在適應環境，但她的反抗愈來愈嚴重，每天都和媽媽戰爭。

「為什麼不想去學校？」

「我就不想去！不要！嗚～」

詩雅沒有說具體的理由，只說自己不想去，讓媽媽覺得很納悶。媽媽仔細思考，想起不久前朋友辦生日派對時，她有說拍照的事情，於是媽媽再次冷靜詢問。

「詩雅，最近學校辦生日派對的時候會拍照嗎？」

「嗯，生日的人決定拍照的順序。」

「詩雅也拍了很多嗎？」

「我上次說了呀！我不受歡迎，朋友們不想跟我拍照。」

「朋友們會因為生日派對不想去學校嗎？」

「不知道，我希望可以第一個拍照，但大家每次都先跟周惠拍。我沒有朋友，學校好無聊。」

媽媽嚇了一跳，七歲大的孩子竟然說自己沒有朋友，而且還為此覺得傷心。

「你怎麼會覺得自己沒有朋友……這樣該有多難過呀？」

詩雅說的周惠身高很高，個性也很開朗，加上很有領導能力、很會照顧大家，在媽媽間也經常被提到。

學校辦生日派對時，生日的同學會一一和大家拍照，這時候就會有順序的問題產生。

詩雅想要第一個或第二個拍照，但只要沒有如她的願，她就會覺得自己不受歡迎，連學校也不想去。

媽媽看著孩子，既覺得不捨，也忍不住上火，於是這麼對孩子說。

「你可以舉手說自己要先拍呀！這有什麼重要，本來就是拍照的人可以自己決定，和受不受歡迎沒有關係。反正老師說大家都會拍照，怎麼會因為這個原因就不去上學！」

其實這麼說的時候，媽媽心裡覺得很難過。媽媽當然希望自己的孩子受歡迎、和大家好好相處，但年紀這麼小的孩子竟然覺得自己不受歡迎，媽媽覺得心情很複雜。

“父母可以這樣做”

如果孩子說不想去上學，父母一定會感到慌張，有的父母情急之下會說：「一定要上學！」、「有誰是想去才去？」，責備孩子之前，應該先了解孩子為什麼不想要上學。

媽媽也許覺得孩子都沒有說，但孩子在日常生活中不經意說出口的話，其實透露許多想法。詩雅的媽媽平時很認真聽她說話，所以想到詩雅曾經說生日拍照的事情讓她難過，找到了問題的根源，不過並不容易解決。

想要解開孩子心結另有方法，父母不能以自己的基準解釋，要先和孩子分享什麼是「受歡迎」以及為什麼覺得自己沒朋友，孩子的想法也許和大人不同。「想要第一個拍照」也許是出自於「羨慕周惠」。

「詩雅，你覺得受歡迎是什麼意思呢？」

這麼問是為了瞭解孩子心中所謂「受歡迎」的意思。

「就是大家都喜歡。」

接著提及朋友周惠，慢慢解開問題。

「大家都很喜歡周惠，周惠是怎樣的人呢？」

「周惠長很高，很會畫畫，而且很會說話。」

「這樣呀！原來她長很高，很會畫畫，而且很會說話。」

找出孩子回答的關鍵字，附和並回覆孩子，讓對話進行下去。用聊天的方式，一來一往對話，讓孩子自然而然敞開心胸，即使媽媽沒有出面指導，孩子也能自己解決問題。

「生日的同學願意跟我們詩雅第一個拍照當然很棒，但同學也可能說要先跟別人拍，不如詩雅先去拜託呢？」

像這樣給孩子思考的時間，能幫助孩子慢慢找到解決問題的方法。

「〇〇，拍照的時候可以第一個叫我嗎？」

可以和孩子一起練習、討論該怎麼講比較好。

與其苦惱「朋友們應該不喜歡我」、「我為什麼不受歡迎？」，不如思索「如何將自己的想法傳遞給朋友？」、「要怎麼說，朋友才會想和我先拍照？」。

請務必告訴孩子，每個人的想法和喜好都不一樣，即使不如自己所願，沒有成為第一個拍照的人，也不必為此自我貶低、認為自己是不受歡迎的人，這一點十分重要。

Column

與孩子的表達力練習

❶ 想和朋友一起拍照時

「朋友，你辦生日派對的時候，我想要跟你一起拍照，可以第一個叫我嗎？我想要邊拍照邊祝福你。」

❷ 朋友說想和其他朋友一起拍照時

朋友：我想和〇〇先拍。

我：那我可以排第二個嗎？和那位朋友拍完後，和我一起拍吧！

❸ 被拒絕一起拍照時

朋友：不行，我不要第一個跟你拍。

我：好吧，我知道了。祝你生日快樂！

【小秘訣】務必告知孩子真實情況

「我們可以拜託對方，但對方未必一定要答應。」

「提出拜託可能被拒絕，對方拒絕不代表瞧不起我們。」

NOTE

NOTE

NOTE

台灣廣廈國際出版集團
Taiwan Mansion International Group

國家圖書館出版品預行編目（CIP）資料

10歲前的引導式說話練習：把握關鍵學習期，培養邏輯表達力！幫孩子建立高情商的溝通基礎 / 林英珠作. -- 初版. -- 新北市：台灣廣廈, 2024.10
面； 公分
ISBN 978-986-130-632-2（平裝）
1.CST: 子女教育 2.CST: 親職教育 3.CST: 人際傳播

528.2 113009207

台灣廣廈

10歲前的引導式說話練習

把握關鍵學習期，培養邏輯表達力！幫孩子建立高情商的溝通基礎

作　　者／林英珠
譯　　者／陳靖婷
編輯中心執行副總編／蔡沐晨・**編輯**／陳虹妏
封面設計／何偉凱・**內頁排版**／菩薩蠻數位文化有限公司
製版・印刷・裝訂／皇甫・皇甫・秉成

行企研發中心總監／陳冠蒨
媒體公關組／陳柔彣
綜合業務組／何欣穎
線上學習中心總監／陳冠蒨
數位營運組／顏佑婷
企製開發組／江季珊、張哲剛

發 行 人／江媛珍
法律顧問／第一國際法律事務所 余淑杏律師・北辰著作權事務所 蕭雄淋律師
出　　版／台灣廣廈
發　　行／台灣廣廈有聲圖書有限公司
地址：新北市235中和區中山路二段359巷7號2樓
電話：（886）2-2225-5777・傳真：（886）2-2225-8052

代理印務・全球總經銷／知遠文化事業有限公司
地址：新北市222深坑區北深路三段155巷25號5樓
電話：（886）2-2664-8800・傳真：（886）2-2664-8801
郵政劃撥／劃撥帳號：18836722
劃撥戶名：知遠文化事業有限公司（※單次購書金額未達1000元，請另付70元郵資。）

■出版日期：2024年10月
ISBN：978-986-130-632-2